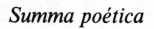

Summa poética

Letras Hispánicas

Nicolás Guillén

Summa poética

Edición de Luis Íñigo Madrigal

DECIMOTERCERA EDICIÓN

CATEDRA

LETRAS HISPANICAS

1.ª edición, 1976
13.ª edición, 2007

Ilustración de cubierta: Wifredo Lam

© Ediciones Cátedra (Grupo Anaya, S. A.), 1976, 2007
Juan Ignacio Luca de Tena, 15. 28027 Madrid
Depósito legal: M. 4.731-2007
ISBN: 978-84-376-0062-8
Printed in Spain
Impreso en Fernández Ciudad, S. L.
Coto de Doñana, 10. 28320 Pinto (Madrid)

Índice

Introducción 11

Esta edición 47

Nota a la edición actual 48

Bibliografía 49

Summa poética

Motivos de son 59
    Negro bembón 65
    Mulata 66
    Sóngoro Cosongo 67
    Sigue 68
    Hay que tener voluntá 69
    Búcate plata 70
    Mi chiquita 71
    Tú no sabe inglé 72

Sóngoro Cosongo 75
    La canción del bongó 77
    Madrigal 79
    Canto negro 79
    Chévere 80
    Velorio de Papá Montero 81
    Organillo 83
    Quitino 83
    Caña 84

Secuestro de la mujer de Antonio 85
Pregón 86

WEST INDIES, LTD 89
  Balada de los dos abuelos 91
  Balada del güije 93
  Sensemayá 95
  El abuelo 96
  Caminando 97
  Balada de Simón Caraballo 98
  West Indies Ltd. 1 100
  West Indies Ltd. 5 102
  Guadalupe W. I 104

CANTOS PARA SOLDADOS Y SONES PARA TURISTAS 105
  Soldado, aprende a tirar 109
  No sé por qué piensas tú 109
  Yanqui con soldado 110
  Soldado libre 111
  José Ramón Cantaliso 112
  I. Cantaliso en un bar 113
  II. Visita a un solar 114
  III. Son del desahucio 117

ESPAÑA. POEMA EN CUATRO ANGUSTIAS Y UNA ESPERANZA ... 121
  Angustia cuarta 123
  La voz esperanzada 126

EL SON ENTERO. SUMA POÉTICA 1929-1946 131
  Guitarra 135
  Mi patria es dulce por fuera 136
  Sudor y látigo 139
  Son número 6 140
  Turiguanó 142
  Una canción en el Magdalena 144
  Elegía 146
  Barlovento 147
  Palma sola 149
  Agua del recuerdo 150
  El negro mar 152
  Ácana 153
  Iba yo por un camino 154
  ¡Ay, señora mi vecina! 155
  La tarde pidiendo amor 155

LA PALOMA DE VUELO POPULAR 157
    Arte poética 159
    Un largo lagarto verde 160
    Canción de cuna para despertar a un negrito 162
    La muralla 163
    Casa de vecindad 165
    Ríos 166
    Bares 167
    Chile 168
    Cerro de Santa Lucía 169
    Panimávida 171
    Doña María 171
    La pequeña balada de Plóvdiv 172
    Tres poemas mínimos 173
    Muerte 174

ELEGÍAS 177
    El apellido 179
    Elegía a Emmett Till 184

POEMAS DE AMOR 189
    Ana María 191
    Piedra de horno 191

TENGO 193
    Tengo 195
    Crecen altas las flores 197
    ¿Puedes? 202
    A Chile 204
    Responde tú 206
    Balada 207
    Coplas americanas 208
    El jarrón 211
    Se acabó 212
    A la virgen de la caridad 214

EL GRAN ZOO 215
    Aviso 219
    El Caribe 220
    Guitarra 220
    La pajarita de papel 221
    Los ríos 221
    Señora 221

El hambre 222
Institutriz 223
Monos 223
Policía 224
Aviso, gran zoo de La Habana 224
Tontón-macoute 225
Salida 226

LA RUEDA DENTADA 227
París 229
Problemas del subdesarrollo 229
El bosque enfermo 230
Retrato del gorrión 231
A las ruinas de Nueva York 231
A Gonzalo Rojas 232
Epigramas 233
Che comandante 234
Guitarra en duelo mayor 237

EL DIARIO QUE A DIARIO 241

POEMAS NO RECOGIDOS EN LIBRO 285
Jardín 287
Sol 288
A Rubén Darío 289
Al margen de mis libros de estudio 290
Tu recuerdo 292
Futuro 293
Elegía moderna del motivo cursi 293
Odas mínimas 294
Justicia 295
Coplas de Juan Descalzo 296
Miedo 297
Nada 298

Introducción

En Camagüey («suave comarca de pastores y sombreros») nació el 10 de julio de 1902 Nicolás Guillén, hijo de Nicolás Guillén y Urra y de Argelia Batista.

La familia del poeta se contaba entre las más conocidas en la ciudad, gracias a las actividades públicas del padre: director del único diario camagüeyano de la época (*Las Dos Repúblicas*) y figura importante del Partido Liberal Nacional, uno de los dos de la naciente República de Cuba, del que sería senador por la provincia en el periodo 1908-1912.

Espectador desde sus primeros años de la vida política y cultural camagüeyana, el poeta manifestó tempranamente su vocación literaria.

Hacia 1916, según su propio testimonio, pergeña sus primeros versos:

> Por linda pradera sembrada de flores,
> que ya por doquiera derraman olores,
> se alarga, cantando, un manso arroyuelo,
> lamiendo, besando sus aguas el suelo...

Un año después de esta primera incursión lírica, el padre del poeta muere asesinado por tropas del gobierno, quedando la familia, compuesta por el joven Nicolás y cinco hermanos, a cargo de la madre. Guillén empieza entonces a trabajar como tipógrafo, oficio que desempeñará luego en diversas ocasiones a lo largo de la vida. Su temprana dedicación al trabajo no le impide continuar los estudios, que

11

cursa de noche, concluyendo la enseñanza primaria en ese mismo año de 1917 y cumpliendo el total del bachillerato en sólo dos. Es en este periodo donde la vocación poética de Guillén se afianza definitivamente, al tiempo que surge en él la preocupación social que marcharía desde entonces junto a su poesía.

En 1919, concluidos los estudios secundarios, nuestro poeta tiene ya un cierto prestigio literario en los círculos intelectuales de su ciudad natal y publica, en la revista *Camagüey Gráfico,* sus primeras composiciones.

Al año siguiente se traslada a La Habana e ingresa en la Escuela de Derecho, relacionándose en la capital cubana con los círculos literarios de la época. No obstante, el destino del poeta ya estaba trazado: la poesía era en él vocación muchísimo más sentida que la jurisprudencia.

> Yo, que pensaba en una blanca senda florida,
> donde esconder mi vida bajo el azul de un sueño,
> hoy, pese a la inocencia de aquel dorado empeño,
> muero estudiando leyes para vivir la vida...

escribe en un soneto de 1922. No dura mucho aquel morir estudiando leyes, pues, cursado el primer año de la carrera, la abandona para siempre y vuelve a Camagüey en agosto de 1922. Allí dirige una revista literaria, *Lis,* que subsiste apenas seis meses, y se incorpora después en la redacción del diario *El Camagüeyano.*

Por esos años (exactamente en 1922), Guillén planea publicar su primer libro: *Corazón y cerebro,* proyecto del cual desiste. El volumen estaba compuesto por cuarenta y seis composiciones, entre las cuales abundaban los sonetos y los temas amatorios. Las razones que impulsan a Guillén a no editar *Corazón y cerebro* parecen exceder, en el ánimo del poeta, la reticencia hacia ese libro concreto y abarcar, en cambio, el sentido total de su actividad creadora. Efectivamente, durante largos cinco años, parece dejar de lado la poesía: «Nada de poesía —cuenta él mismo—. Desde 1922 a 1927 no escribí un verso.» Se dedica, sí, al periodismo, participa en tertulias literarias, pero no es sino hasta su regreso a La Habana, en 1925, cuando empieza nuevamente a cultivar la literatura, publicando (en *Orto,* en 1927) varios poemas que mostraban evidentes diferencias con los de su primera producción, y se inscribían en la tendencia vanguardista que por entonces animaba a la poesía. De allí en adelante Guillén publica frecuentemente, en diversos periódicos de la capital cubana, muestras de su obra, incluyendo algunos de los poemas del acallado *Corazón y cerebro.*

*

Ni el cambio en la orientación de la poética de Guillén, ni el lustro de silencio poético que interrumpió su obra deben sorprender. Son, en rigor, datos que convienen a la general evolución de la poesía hispanoamericana de las primeras décadas de nuestro siglo. Si la fecha de composición de sus primeros versos recordada por el poeta nacional cubano es cierta, esa fecha simboliza el entero proceso: en 1916 muere Rubén Darío, padre y maestro mágico de la poesía hispánica contemporánea y primate del modernismo. El modernismo es el eje en torno al cual se articulan dos épocas de la lírica hispanoamericana: la lírica moderna y la lírica contemporánea. No hubo corte abrupto entre modernistas y vanguardistas, sino continuidad, como ya señaló don Federico de Onís, por más que esa continuidad fuera turbada por ocasionales berrinches filiales contra la figura paterna. Por una parte, el modernismo hispanoamericano acogió temprana y abiertamente las primera muestras de la vanguardia europea (por ejemplo, el futurismo); por otra, los grandes vanguardistas hispanoamericanos tuvieron con respecto al modernismo una actitud unánime que evolucionó en etapas precisas: un primer momento de admiración e imitación, un posterior rechazo en ocasiones violento e irreverente, un admirado y maduro reconocimiento. La admiración hacia Darío de los jóvenes Huidobro, Vallejo, Neruda puede documentarse ampliamente; y sus obras de ex-

13

trema juventud están regidas por el imperio del modernismo. El propio Borges manifestó tempranamente su admiración por Herrera y Reissig (1925) y, aunque en el *Evaristo Carriego* (1930) escribiese que

> Rubén Darío [fue] hombre que a trueque de importar del francés unas comodidades métricas, amuebló a mansalva sus versos en el *Petit Larousse* con una tan infinita ausencia de escrúpulos que panteísmo y cristianismo eran palabras sinónimas para él y que al representar *aburrimiento* escribía *nirvana,*

en la segunda edición de esa obra (1954) agregó una nota al texto citado en que se lee: «Conservo estas impertinencias para castigarme por haberlas escrito»; y, en los prólogos de *El otro, el mismo* (1969) y de *El oro de los tigres* (1972), reconoció la deuda de su poesía con el modernismo, «esa gran libertad que renovó las muchas literaturas cuyo instrumento común es el castellano.»

Con menor estridencia, la trayectoria de Guillén es semejante: sus comienzos poéticos están marcados con el inconfundible sello del modernismo (véanse, por ejemplo, los dos sonetos reunidos bajo el título de «Jardín») y su admiración por Darío aparece en ellos de manera explícita (véase «A Rubén Darío»); viene luego ese interregno de cinco años en que «no escribí[ó] ni un verso» y en que, acaso, renegó de sus preferencias estéticas adolescentes y juveniles. Y luego la espléndida floración de una poesía de acento personal, pero que no renegaba de sus inicios, según queda manifestado en el «Arte poética» (1959), en una de cuyas estrofas nombra inequívocamente a Darío

> Un pájaro principal
> me enseñó el múltiple trino;
> mi copa apuré de vino,
> sólo me queda el cristal;

al paso que, en los dos últimos versos se percibe la sombra dulcificada de la curiosa conjunción de atracción y rechazo

14

que los vanguardistas hispanoamericanos sintieron por sus padres modernistas.

Otros datos podrían agregarse a éstos: el poema, no recogido en libro, «Elegía moderna del motivo cursi» (1931) que corresponde, *grosso modo,* a una etapa de rechazo de sus preferencias poéticas anteriores y de adopción de otras nuevas; la estrofa del original (quizá significativamente omitida, después, en *La paloma de vuelo popular*) del poema «Deportes», en que se lee

> Amé a Rubén Darío, es cierto,
> con sus violentas rosas
> sobre todas las cosas.
> Él fue mi rey, mi sol;

el artículo de 1967 en que escribe, a propósito del vate nicaragüense, «Él nos enseña el camino de la perfección técnica que todo creador debe transitar, si es honesto consigo mismo, en primer término», etc.

*

Ya en los poemas publicados en *Orto* en 1927 aparecían muchas de las características temáticas y formales que distinguirían posteriormente la producción del gran poeta cubano. Sin embargo, no es sino desde el 20 de abril de 1930, con la publicación en el habanero *Diario de la Marina* de los *Motivos de son,* cuando el nombre de Nicolás Guillén se impone definitivamente como el de una de las figuras más importantes de la literatura cubana.

Motivos de son provocaron una verdadera conmoción literaria no sólo en Cuba, sino, posteriormente, en todo el mundo. La adecuación poética de un ritmo folklórico cubano que, a más de ser acabada expresión de la doble raíz étnica y cultural de la isla del Caribe, era una de las formas de música popular más antigua y difundida en el país, atrajo sobre Nicolás Guillén la atención y admiración de los escritores, críticos y lectores de toda la hispanidad.

15

Guillén era ya, de alguna manera, poeta nacional de Cuba. Pero la fama tiene sus riesgos y las especiales características de *Motivos de son* convirtieron para muchos al poeta cubano en un representante, si no el mayor, de la poesía negra: calificación tal vez restrictiva y probablemente equívoca.

*

Veamos, luego de este rápido esbozo de los primeros años del poeta, cuál era la realidad social y política, la historia de aquellos primeros treinta años del siglo en la patria de Guillén.

El mismo año del nacimiento del poeta, 1902, Cuba es declarada, en forma oficial, República independiente. La larga lucha de liberación de los patriotas cubanos había culminado en 1898; pero un nuevo imperialismo había decidido ya apropiarse de la isla. La Constitución que entró en vigor el 20 de mayo de 1902 tenía un agregado importante: la Enmienda Platt. En ella se leía:

> III. Que el gobierno de Cuba consiente que los Estados Unidos puedan ejercitar el derecho de intervenir para la conservación de la independencia cubana, el mantenimiento de un gobierno adecuado para la protección de vidas, propiedad y libertad individual y para cumplir las obligaciones que, con respecto a Cuba, han sido impuestas a los EE. UU por el tratado de París, y que deben ser ahora asumidas y cumplidas por el gobierno de Cuba.

Al reservarse el derecho de intervención en Cuba, Estados Unidos no hacía sino explicitar las razones económicas que, ya durante la dominación española, le habían llevado a tratar, primero, de comprar la Isla a la Corona de España y, después de fracasado ese intento, a ayudar a Cuba en su guerra contra la Península, sustituyendo a esta última, finalmente, como nación dominadora. La Enmienda Platt no se quedó en el papel. Estados Unidos había intervenido militarmente en Cuba, en protección de sus intereses económicos, en 1898. En vigor la Enmienda, interviene en 1906, 1912 y 1917. A partir de 1920 puede decirse que Estados Unidos gobierna directamente la Isla, sin necesidad de intervención militar.

Cuando en 1934 queda abolida definitivamente la Enmienda, la situación sigue siendo la misma. A través de la economía, Estados Unidos controlaba absolutamente la vida política cubana. La fácil complacencia de los políticos criollos exigía cierta benevolencia norteamericana para las pequeñas trapacerías de esos políticos. Una administración completamente corrompida domina la escena en la Cuba republicana. Y, lo que es más grave, existe también una corrupción creciente de la moral pública. La Habana, Cuba en general, se convierte en el paraíso del juego y la prostitución adonde acuden, en bandas, los «turistas» yanquis bajo la mirada complaciente del gobierno isleño.

La segregación racial, declarada ilegal por la Constitución de 1902, y absurda en un país con un pequeño porcentaje de negros, pero con una gran cantidad de mulatos, se observa fácilmente, tanto en el campo del trabajo (en el que los negros ocupaban siempre los puestos más humildes), como en las Fuerzas Armadas (con altos mandos absolutamente blancos) y en los deportes, centros de diversión y turismo, etc. De suerte que, en muchos sentidos, la clase dominante (norteamericanos y burguesía nacional) se asimilaba a la raza blanca, en tanto que los humildes y los desposeídos quedaban integrados a la raza negra.

Tal situación lleva a los intelectuales y escritores cubanos, sin distinción de color, a una actitud mental que vacila entre el descreimiento en todos los valores y la rebeldía.

En este entorno social y cultural vive como poeta y como hombre el joven Guillén. La visión del mundo que se plasma en su poesía está ligada con la multitud de presiones que los diversos elementos de la realidad ejercen sobre el pueblo cubano. La aparición de *Motivos de son* en 1930, primero en el *Diario de la Marina* y luego, ya en libro, en la Imprenta Ramblá Bouza de La Habana, marcan la aparición no de un gran poeta negro, sino de un gran poeta cubano y, por ello, universal.

*

El universalismo de la poesía de Guillén reside, fundamentalmente, en su carácter popular. Desde *Motivos de son* el cubano hace de lo popular el elemento axial de su poética y, lo que es más singular, lo hace de modo programático y sistemático. Contra lo que sostiene Roberto Fernández Retamar en su artículo, por tantos títulos admirable, «El son de vuelo popular», la poética guilleneana inaugurada con aquel libro parece ser el resultado de una decisión tomada un día, entre otras posibles, por el joven Guillén.

Poesía de denuncia social, la de Guillén está dirigida a incitar al pueblo a la rebeldía contra la injusticia. Tal es la «utilidad» de la causa de esa poesía, si la consideramos como discurso. Los interesados en tal discurso (el orador, el objeto del discurso, el oyente), ostentan todos un carácter congruamente popular. A) El hablante lírico en los poemas guilleneanos es un yo poético que tiene la misma condición popular que la del oyente a que se dirige: tal fenómeno se manifiesta ya en la estructura dialógica de *Motivos de son;* en la predominante presencia de la función apelativa en *Sóngoro Cosongo;* en la caracterización de hablantes líricos explícitamente populares en diversos poemas de otros libros («Son número 6», «Ay, señora, mi vecina», etc., en *El son entero;* «Soldado libre», «Cantaliso en un bar», etc., en *Cantos para soldados y sones para turistas,* etc.) y en diversos otros aspectos. B) El objeto del discurso poético de Guillén, esto es, la suma de motivos de constelación que estructuran los diversos poemas que lo componen (véase *infra*) abarca la existencia humana en general, y, más específicamente, la existencia humana de los sectores populares de determinados ámbitos históricos y geográficos de amplitud creciente (Cuba, Las Antillas, América; cfr. *infra*). C) El oyente al que está dirigido el discurso poético guilleneano es, asimismo, un oyente «popular»; Jacques Joset ha estudiado las características del «alocutorio» en la poesía de Guillén, mostrando cómo «en la mayoría de los poemas del escritor cubano se establece un diálogo entre un yo y un tú, y se estructura un juego dialéctico entre el poeta locutor y un interlocutor, creándose así un espacio discursivo cada vez más abierto a la voz colectiva»; agreguemos que no sólo el «lector ficticio» de esa poesía tiene un carácter colectivo, sino también su «lector ideal», dado que la audiencia que el autor real de ese discurso desea encontrar es, precisamente, el pueblo.

Por otra parte, la materia y el lenguaje de la poesía de Guillén presenta también similar ordenación a lo popular: muchos contenidos conceptuales están representados en ella por símbolos tradicionales o de fácil develación (el látigo es la opresión; el águila el imperialismo; la guitarra, la poesía; etc.); la selección de los modos de expresión, su lenguaje (popular, pero no vulgar), los recursos rítmicos y retóricos que emplea, parecen, en ocasiones, estar enderezados a la audición y a la memorización de esa poesía más que a su lectura. La admiración de Ezequiel Martínez Estrada por la condición casi mágica de la poesía de Guillén leída por el propio Guillén, apunta, justamente, a la entraña popular de ella y a su sentido fundamental.

Es más, la poética explícita del autor que puede rastrearse en sus escritos en prosa y en sus poemas programáticos es, asimismo, preceptivamente popular. Desde 1930 en adelante la poética de Guillén es simple, pero coherente: hay en ella una concepción clásica del arte, entendido como un conjunto de normas extraídas de la experiencia que, sistematizadas y aprendidas, permiten producir obras de modo repetido; pero, dentro de esa concepción, Guillén postula una «poesía popular que, nutrida de nuestro propio mestizaje, vale decir de nuestra íntima cubanidad —no de lo negro anecdótico— trate de expresarlo en su más dramática dimensión» (*Cuba, negros, poesía,* 1937). Tal poesía, a su juicio, nace del pueblo

... por medio de la voz sin nombre de los juglares... porque [el pueblo] está limpio de culpa y de pena, y acaso también porque su penar es más hondo y sincero que el de los artífices eruditos que pulen décimas y romances en la medida que se lo permite el instrumento de que disponen... [y] comienza por el canto, punto de arrancada de todo lo poético [*ibíd.*],

y, por ello, los compositores e intérpretes de música popular pueden expresar profundamente el ser nacional y, en cambio, los poetas cultos deben andarse con cuidado al tratar de escribir poesía popular:

no por ser popular tendrá que ser bella una obra, si su autor puso en esa sola calidad una confianza que debió haber compartido con las obligaciones que se derivan de una técnica adecuada, esto es, de la necesaria sabiduría para expresar la belleza

escribía en 1961. Esa concepción de la poesía, de raigambre paradójicamente clásica, pero al tiempo nacional y popular, informa también las «poéticas» de Guillén (véase *infra*) y se aplica a un ámbito de recepción cada vez mayor, en una línea que se inicia en Cuba (o tal vez en La Habana) y termina comprendiendo a toda nuestra América. Cierto es que tal concepción sufre variaciones y aun que, previsiblemente, no toda la producción guilleneana puede enmarcarse exactamente en ella; pero la línea fundamental de la poesía de Guillén, la que va de 1930 a 1959 (esto es, desde *Motivos de son* hasta *La paloma de vuelo popular*) responde precisamente al carácter «popular» allí esbozado.

*

Desde la publicación de *Motivos de son,* la vida del poeta y la de su patria sufren variadas peripecias, a menudo relacionadas. En octubre de 1931 se edita en La Habana *Sóngoro Cosongo. Poemas mulatos,* que confirma la excepcional calidad poética de nuestro autor.

En 1933 cae el régimen del dictador Gerardo Machado; pero ese mismo año ingresa en la escena política cubana la figura siniestra de Fulgencio Batista, quien en los primeros tiempos simula un espíritu democrático. Al año siguiente publica Guillén *West Indies Ltd.*, libro en que la impronta social aparece con mayor énfasis que en sus obras anteriores. En 1937, el poeta emprende su primer viaje internacional: de La Habana a México (allí publica *Cantos para soldados y sones para turistas* y *España. Poema en cuatro angustias y una esperanza*) y luego a Canadá, desde donde viaja a España, en plena Guerra Civil, e ingresa en ella en el Partido Comunista. De vuelta a Cuba, en junio de 1938, inicia una etapa de actividad política y periodística que no detiene, sin embargo, la continuación de su obra: en 1942 (dos años después de que Fulgencio Batista fuera elegido, por un periodo de cuatro, Presidente de la República) publica *Sóngoro Cosongo y otros poemas,* que recoge su producción anterior.

En noviembre de 1945 viaja a Venezuela, luego (ya al año siguiente) a Colombia, Perú y Chile, en donde permanece hasta enero de 1947, fecha en que pasa a Argentina, en cuya capital publicará, en mayo, *El son entero;* viaja también, por esos días, a Uruguay: en octubre deja Buenos Aires para dirigirse a Río de Janeiro, desde el cual, ya en febrero de 1948, regresa a Cuba.

De nuevo en su patria continúa su actividad literaria y política: en marzo de 1949 viaja a Nueva York como delegado cubano en la Conferencia Cultural y Científica por la Paz Mundial; en abril del mismo año asiste en París al Congreso Mundial de Partidarios de la Paz: luego viaja a Checoslovaquia y la Unión Soviética, regresando a Cuba en septiembre.

En 1951 publica la *Elegía a Jesús Menéndez* y viaja a Berlín para asistir al Festival de la Juventud; viaja también a Bulgaria, Hungría, Austria, Checoslovaquia, Polonia y la Unión Soviética. Desde Moscú, se dirige, en enero de 1952 hacia la República Popular China: en el transiberiano escri-

21

be las décimas de *El soldado Miguel Paz y el sargento José Inés;* de vuelta a la URSS recibe, en marzo, la noticia de que Batista se ha apoderado, por un golpe militar, del gobierno de Cuba. Regresa a su país en mayo del mismo año, siendo detenido, en los meses siguientes, en dos ocasiones.

En 1953 inicia un nuevo periplo que es, en rigor, un largo exilio. Chile, Brasil, Austria, Francia (1953); Italia, México, Guatemala, Suecia, Polonia, Unión Soviética (1954); Finlandia, Checoslovaquia (1955); Alemania, Bulgaria, Hungría, Bélgica, India (1956); Ceilán (1957); Argentina (1958); son los numerosos y alejados puntos de su camino, muchos de ellos repetidos en diversas ocasiones. Su incesante actividad cultural (congresos, artículos, recitales, conferencias) se refleja también, en estos años, en nuevos libros de poesía: *Elegías* y *La paloma de vuelo popular* (1958).

El triunfo definitivo de la Revolución Cubana, el 1 de enero de 1959, produce un cambio fundamental en la vida del poeta: concluye su exilio y regresa a la patria, en donde se integra con entusiasmo a las tareas de la construcción del socialismo. En agosto viaja a Budapest y luego a Viena y Pekín. En 1960 visita nuevamente la URSS, al frente de una delegación cultural cubana. En 1961 es nombrado miembro del Consejo Nacional de Educación de su país, viaja a México y Brasil, y es elegido presidente de la recién organizada Unión de Escritores y Artistas de Cuba (UNEAC). En 1962, designado Embajador Extraordinario y Plenipotenciario de la República de Cuba, continúa representando a su nación en diversos eventos internacionales: El Cairo, Praga, Bucarest, son algunos de los lugares que conocen su presencia; en ese mismo año se publica *Prosa de prisa,* recolección de sus artículos periodísticos. Durante 1963 viaja a Brasil, Checoslovaquia y Chile; al año siguiente aparecen dos nuevos libros de poesía: *Poemas de amor* y *Tengo,* además de la primera edición de su *Antología mayor.* En 1965 es invitado a pronunciar diversas conferencias en universidades inglesas (Oxford, Cambridge), pero compromisos anteriores en universidades francesas le impiden concurrir; emprende, en cambio, una larga gira por Francia, en donde permanece hasta mayo, fecha en que regresa a su país. De nuevo en Cuba, prosigue una apretada labor cultural durante el resto de 1965 y todo 1966. Al año siguiente viaja a México, para asistir al II Congreso de Escritores Latinoamericanos, y a Chile, como invitado del Comité Chileno de Solidaridad con Cuba. En 1968 publica *El gran zoo* y concurre a diversos congresos internacionales. Nuevos viajes (URSS, Bulgaria, Alemania, Hungría, Vietnam), siempre en representación de su patria y su poesía, se suceden en 1969 y 1970, año este último en que viaja a Chile como miembro de la delegación cubana a la toma de posesión del Presidente de la República, Salvador Allende.

Durante 1971 sufre algunos trastornos de salud, que, una vez superados, no le impiden continuar su labor literaria y diplomática. Precisamente al año siguiente aparecen dos nuevos libros de nuestro autor: *La rueda dentada* y *El diario que a diario,* y se publica la primera edición del primer tomo de *Obra poética (1920-1972),* que recoge la producción lírica del poeta nacional de Cuba, y cuyo segundo volumen aparecerá en 1973.

Durante los años siguientes recibe un gran número de distinciones internacionales por su obra. En 1975 aparecen los dos primeros volúmenes de *Prosa de prisa,* recolección de sus artículos, ensayos y discursos y viaja a Venezuela, Gran Bretaña, Portugal, México y Jamaica. En 1976 ve la luz el tercer volumen de *Prosa de prisa* y es invitado por instituciones culturales de Guyana, Unión Soviética y Bulgaria. En 1977 visita Nigeria y, a su regreso, pasa por Madrid, en donde recibe el homenaje de escritores e intelectuales; ese mismo año aparece *Por el mar de las Antillas anda un barco de papel (poemas para niños mayores de edad).* En 1978 recibe el título de Doctor Honoris Causa por la Universidad de Burdeos (Francia) y es declarado huésped de honor por el gobierno francés; viaja también a Japón, México, España y Angola. En 1979 está en Venezuela, México, República Dominicana, Panamá, Unión Soviética, Bulgaria, Rumania y República Democrática Alemana.

Numerosas reediciones de sus libros se publican en estos años, entre ellas, en 1980, la que conmemora los cincuenta años de *Motivos de son*. En 1981 recibe diversas distinciones en su país y en el mundo, entre las que destaca la Orden «José Martí», la más alta condecoración del Estado cubano.

Esas manifestaciones de admiración y estima se multiplican en 1982, cuando, con ocasión de sus ochenta años, el poeta es objeto de innúmeros homenajes: en Cuba, todas las instituciones gubernamentales y culturales participan en la celebración; la práctica totalidad de las publicaciones culturales cubanas dedican al poeta números monográficos, aparecen algunas reproducciones facsímiles de las primeras ediciones de sus obras (entre ellas una de *Sóngoro Cosongo*), y dos nuevos libros del propio Guillén ven la luz: *Páginas vueltas,* primer tomo de las memorias del poeta y *Sol de domingo,* recolección de prosas y poemas «más o menos inéditos y lejanos», según la presentación del autor; en América y en el resto del mundo son también numerosos los homenajes del poeta nacional cubano.

Con ochenta años cumplidos, el poeta continuó representando a su país y recibiendo el cariño de los pueblos del mundo por algún tiempo. Sus problemas de salud, sin embargo, fueron agravándose. Sus últimas actividades oficiales fuera de Cuba las realizó en 1985, en diversos países de América. En la madrugada del lunes 17 de julio de 1989, después de una larga enfermedad, murió en La Habana:

> ¿Qué sabéis de la Muerte?
> Nada.
> Ni siquiera si existe.
> Esta gran calumniada,
> la gran triste,
> la poderosa y fuerte,
> es la gran ignorada.

*

Los que zanjan la población en dos mitades —escribía Guillén en 1937—, en dos colores, quizás sueñen en una discriminación más, la artística. Ya que no hay modo de llevar a la ley el esclavismo latente en ciertas capas sociales, bueno sería encenderlo en la esfera sutil de la creación estética, de modo que los negros tuvieran «su» poesía, como pudieran tener, a ejemplo de la democracia norteamericana, sus colegios o sus iglesias.

Es probable que tales razones alienten en parte de los manuales o artículos especializados en que se cataloga a Nicolás Guillén como representante de la llamada «poesía negra»; pero es también cierto que una serie de razones, y de confusiones, en la historiografía y la crítica literaria, favorecen tal catalogación.

a) En la segunda década del xx empiezan a publicar, en diversos lugares de América, escritores que hacen del negro el tema sustancial de sus obras, empleando recursos estilísticos de aparente originalidad. Palés Matos, Rosa-Nieves, Hughes, Roumer, Cullen, Carpentier, Cabral, Roumain, Ballagas, Guirao, Damas, Ortiz, Niger, son algunos de sus nombres. Con anterioridad a ellos puede, también, encontrarse antecedentes de la llamada poesía negra, tanto en los clásicos españoles (Gil Vicente, Lope de Vega, Góngora, Quevedo), como en escritores hispanoamericanos coloniales: en 1608, Silvestre de Balboa (1563-1649), publica *Espejo de Paciencia,* poema barroco y, en algún sentido, criollista, en que figura como personaje principal un negro. En la misma Cuba colonial Domingo del Monte (1804-1853), y Juan Francisco Manzano (1797-1857), negro y esclavo este último, cultivan poesía de tema negro.

b) Si se considera la efectiva integración del negro, desde los siglos coloniales, a la vida total hispanoamericana, su incorporación a la literatura no es sino una forma más del americanismo literario iniciado por Bello con sus «Silvas».

c) Las primeras décadas del siglo xx ven surgir la moda

«primitivista» europea de la cual la llamada poesía negra sería un reflejo americano, entre cuyos antecedentes se podrían contar los de Frobenius (que publica *Der Schwarze Dekameron* en 1910), Paul Morand *(Magia Negra),* la filosofía antirracionalista de Nietzsche y Freud, la antioccidental de Spengler, la presencia negra en la plástica europea (Braque, Modigliani, Picasso), etc.

Pero si bien el cúmulo de antecedentes invocados y aun otros, no puede dejarse de lado, el estudio concreto de la «poesía negra», especialmente la delimitación de sus características específicas, muestra, en la mayor parte de los estudios a ella dedicados, graves errores de interpretación, desdeña variantes significativas y cae en abusivas generalizaciones. La llamada «poesía negra» se distingue, a ojos de buen número de críticos, por las siguientes peculiaridades: el lenguaje, los recursos estilísticos y los temas.

Examinemos estas tres cuestiones en la obra poética concreta de Guillén a fin de decidir la justicia de su calificación como «poeta negro», utilizando en el análisis el total de la producción editada del poeta.

EL LENGUAJE

Es en especial en *Motivos de son* en donde la crítica ha querido descubrir la presencia de «un dialecto negro» (Arrom) en la obra de Guillén. Más recientemente se ha afirmado que, en algunos poemas de aquel libro inicial, «Guillén le ha conferido al idioma español una textura fónica característica de [algunas] lenguas negro-africanas»: el yoruba, el efik y el kikongo (Navarro); afirmación que resultaría más convincente si Guillén hubiera tomado la precaución de conocer esas lenguas. Pues no se trata de discutir sobre el influjo de las lenguas africanas en el español de Cuba (materia sobre la que, por otra parte, existe una apreciable bibliografía especializada), sino de discernir si en la poesía de Guillén (o, de manera más acotada, en *Motivos de son*) se intenta reproducir un habla supuestamente especial (la de los negros cubanos o, si se prefiere, habaneros; o la de un sector de los negros cubanos o habaneros) o el habla «popular» de La Habana. Para elegir entre esas posibilidades, conviene recordar las modificaciones introducidas en *Motivos de son* a partir de 1931 y las declaraciones de Guillén sobre el sentido de esa obra (véase *infra*). Pero aún sin esas consideraciones y dejando de lado las dificultades de la reproducción de la lengua hablada con el alfabeto de una lengua natural, se puede afirmar que las alteraciones fonéticas presentes en *Motivos de son* corresponden no a un «dialecto negro», sino a las características del español cubano coloquial. Un adstrato negro puede rastrearse (en el español de Cuba y en la obra de nuestro poeta) en elementos léxicos asimilados; pero en Guillén esos elementos son siempre recursos estilísticos (jitanjáforas, onomatopeyas), cuyo valor analizaremos en su lugar. También (tanto en el español de Cuba como en la obra de Guillén), es posible advertir la presencia de indigenismos en el léxico; así podemos sorprender en diferentes poemas vocablos provenientes del taíno arawako, como: ajíaco, güiro, jícara, mamey, maraca, majagua, etc. Tales indigenismos están incorporados al habla de todos los cubanos y han encontrado gran difusión en el resto de Hispanoamérica. La existencia de elementos léxicos negros (con valor extralingüístico) e indígenas (de extensión americana) es, no obstante, irrelevante cuantitativamente en la obra del poeta cubano. Tal obra está escrita en un español cuyas diferencias diatópicas corresponden al español cubano general.

La anterior aseveración se refiere, claro está, a las características formales de la lengua en que está escrita la obra de Guillén, y no a la presencia de elementos de las culturas africanas presentes en ella (y en esa Cuba que el poeta llamaba mulata), que son, no sólo infinitamente mayores que los debidos a la cultura indígena, sino de capital importancia.

Como recursos estilísticos típicamente negristas se han señalado las onomatopeyas, las jitanjáforas y la rima aguda. Observemos, en primer lugar, que tales recursos tienen una antigua tradición poética y que, más aún, son abundantemente cultivados por las corrientes vanguardistas del siglo XX. Onomatopeyas aparecen frecuentemente en la obra del fundador del futurismo, el italiano Marinetti, así como en los poemas del poeta ruso de la época, Maiakovsky, y en otros muchos. «Jitanjáfora», en cuanto vocablo, es creado, justamente, por un poeta vanguardista cubano, de ninguna inclinación negrista: Mariano Brull (*Filiflama alabe cundre / ala olalúnea alífera / alveolea jitanjáfora / liris salumba salífera*). La rima aguda, en la poesía española, se conoce desde los primeros tiempos.

Pero, observemos también, los recursos indicados adquieren especiales características en la «poesía negra». Las onomatopeyas suelen tratar de reproducir el sonido de los instrumentos de percusión empleados en los bailes negros; la rima aguda, según el poeta negrista Adalberto Ortiz, cumple parecida función; las jitanjáforas suelen consistir en voces de resonancia africana, o en topónimos africanos, que funcionan como significantes carentes de significado, pero que otorgan cierto «sabor» negro al conjunto.

En Guillén los recursos anotados revisten características muy definidas, y se aúnan a otros, patrimonio de la poesía occidental culta.

De los primeros recursos, los «negristas», ninguno más significativo, en la obra de nuestro poeta, que la jitanjáfora, que suele comprender incluso a los otros dos. Alfonso Reyes, que bautizó con ese nombre a significantes carentes de significado (que la retórica clásica habría clasificado, me temo, como *barbarolexis*), estudió sus características y enumeró diversas posibilidades de la figura. De todas ellas se encuentran ejemplos en la obra de Guillén:

1) Pretendidas onomatopeyas, siempre ilusorias, como:

> El fusil, acero malo,
> chilla si la luz le da;
> sobre las piedras el palo
> gruñe, ¡tra, tra!

2) Jitanjáforas, puras, onomatopéyicas, repetidas a modo de estribillo:

> ¡Chin! ¡Chin! ¡Chin!
> Aquí va el soldado muerto.
> ¡Chin! ¡Chin! ¡Chin!
> De la calle lo trajeron.

3) Jitanjáforas de la cuna:

> Coco, cacao,
> cacho, cachaza,
> ¡Upa, mi negro
> que el sol abrasa!

Los tipos de jitanjáforas anotadas son eminentemente folklóricas, colectivas y su presencia en la poesía de Guillén afirma justamente el carácter popular de ella. Otro tipo de esta figura, ya más literario, sirve de estribillo al poema, como en «Barlovento» (Dorón dorando, Dorón dorendo, Dorón dorindo, Dorón dorondo) o de soporte rítmico, como en «El secuestro de la mujer de Antonio»:

> repique, pique, repique,
> repique, repique, pique,
> pique, repique, repique,
> ¡po!

y en «Canto negro», «Sóngoro Cosongo», etc.

Muy importantes son aquellos tipos de jitanjáforas en las que lo que cuenta es el valor acústico de la lengua ajena y sus implicaciones evocativas o rítmicas. Así funcionan a menudo voces africanas (o pseudo africanas) en los poemas de Guillén:

> Yoruba soy, lloro en yoruba
> lucumí.
> ....
> Yoruba soy, soy lucumí,
> mandinga, congo, carabalí.

en el «Son núm 6»; y en «Ebano real», «Sensemayá», «Acana», etc. Dentro del mismo grupo se encuentran jitanjáforas de origen no «africano»:

> En Chile hallé palabras
> de lluvia y nieve intacta,
> mas ninguna tan clara...
> —Panimávida.

De este tipo son también otras muestras del recurso, en que el idioma extranjero contribuye a subrayar el contenido del poema. Así, por ejemplo, en «El apellido»:

> ¡Gracias!
> ¡Os lo agradezco!
> ¡Gentiles gentes, thank you!
> Merci!
> Merci bien!
> Merci beaucoup!

en donde el contenido general del poema (racial) se contrapone al uso de voces de idiomas de larga tradición esclavista en las Antillas. El uso de vocablos ingleses en numerosos poemas, «Canción puertorriqueña», «Ciudades», «Elegía a Jesús Menéndez», etc., y especialmente el «West Indies Ltd.», tiene igual sentido.

El abundante uso de la jitanjáfora en la obra de Guillén, si bien en ocasiones es negrista, está ligado fundamentalmente a otras funciones; es más, la jitanjáfora negrista aparece en los primeros libros del poeta (hasta en *El son entero*), pero a partir de allí desaparece.

30

Otra figura muy abundante en la poesía de Guillén es la repetición. Recurso antiguo en la poesía occidental, sobre todo en la de tipo popular, la anáfora reviste diversas formas en la obra del poeta cubano. Desde la repetición de versos completos, como en la «Elegía a Emmett Till»:

> Ven y en la noche iluminada,
> ven y en la noche iluminada,

hasta la de una palabra en un mismo verso, con intención reiterativa o intensificativa, cual en «Barlovento»:

> ¡Qué cosa cosa
> más triste triste,
> más lastimosa.

la repetición, en forma de complexiones, conversiones, epanalepsis, epíforas, etc., sirve a menudo en Guillén a propósitos rítmicos, tanto en la construcción del verso (repetición de palabras), como en la de la estrofa (repetición de versos). Este último tipo adquiere especial importancia en sus primeros libros, muchos de cuyos poemas responden a la fórmula:

$$A\text{-}a\text{-}A\text{-}b\text{-}A\text{-}c\text{-}A \ldots n\text{-}A$$

en la que las minúsculas representan variantes sobre el tema general del poema, en tanto que A está formada por una palabra, o varias, relacionadas también con el tema, pero que se repite sin cambios. La presencia de esta estructura (que tiene variantes menores) en los cantos de trabajo de los negros podría marcar los poemas que la emplean como «negristas». Sin embargo, ella se encuentra también (con el mismo origen) en una de las formas musicales más populares en Cuba: el son, ritmo de raíces hispanoafricanas cuya tradición se remonta al siglo XVI, de donde lo toma Guillén.

Muy ligado al anterior recurso se encuentra el uso del estribillo, de larga trayectoria en la poesía popular de todos los tiempos. El estribillo en Guillén suele señalar la primera intuición poética del tema, configurándose la composición como variaciones sobre él. Así en «La canción del bongo»:

> Aquí el que más fino sea,
> responde, si llamo yo.

y en «Elegía a Jesús Menéndez», «Velorio de Papá Montero», etc.

Si todos los recursos estilísticos señalados hasta el momento pueden calificarse como populares (más que negristas), en la obra del cubano abundan también otros de carácter decididamente culto.

Así sucede, por ejemplo, con el paralelismo o la bimembración, presentes en numerosos poemas. Valga de ejemplo «Un largo lagarto verde».

> batida por olas duras...
> y ornada de espumas blandas
> bajo el sol que la persigue
> y el viento que la rechaza,
> cantando a lágrima viva,
> navega Cuba en su mapa
> ....
> reina del manto hacia afuera,
> del manto adentro, vasalla,
> ....
> o en las puntas de las lanzas
> y en el trueno de las olas
> y en el grito de las llamas
> y en el lagarto del tiempo.

También de raigambre culta es la enumeración, recurso que Guillén emplea con frecuencia en estrofas que retratan grupos humanos multifacéticos, pero unitarios. Así, refiriéndose a los negros haitianos, en la «Elegía a Jacques Roumain»:

32

Jean,
Pierre,
Victor,
Candide,
Jules,
Charles,
Stephen,
Raymond,
André.

o en las largas enumeraciones de *West Indies Ltd.*, variaciones sobre dos grupos sociales definidos: dominados y dominadores. Por otra parte, las aparentes enumeraciones caóticas de Guillén sólo lo son en cuanto retratan una realidad ciertamente desmembrada y caótica ella misma cuando no absurda. Así, con tono satírico, en *West Indies Ltd.*:

Coroneles de terracota,
políticos de quita y pon,
café con pan y mantequilla,
¡que siga el son!

LOS TEMAS

La llamada poesía negra se caracteriza, según algunos críticos, por la presencia en ella de una serie de temas recurrentes. El número y variedad de esos temas varía, no obstante, según el juicio de cada crítico. Alguno (Coulthard), habla del rechazo de la civilización europea, la búsqueda del «alma» negra, la mujer de color, como los más significativos. Otros (Arrom) creen que los temas cambian de acuerdo a la actitud desde la que se los asume: «negrura deprimente», «negrismo militante» y «negredad», es decir, sentimiento de inferioridad, sentimiento de superioridad, y simple estar, conciencia de ser negro. Para otros, en fin, hay que distinguir entre los temas de la poesía negra escrita por blancos y los de la escrita por negros (Rogman Riedl): siendo propia de la primera el físico, el lenguaje, el vestuario de

33

los negros, etc., y de la segunda, inferioridad y amargura, sentimiento antiblanco, pansexualismo, sufrimiento, etc.

Si bien tal variedad temática encuentra ejemplificación en distintos poetas negros, la posición poética de Guillén frente a los problemas raciales reviste características especiales que otorgan fuerte singularidad a su poesía. En un artículo publicado en 1937, escribía nuestro poeta:

> A medida que crece la responsabilidad social del arte y sobre todo después del cataclismo de 1914, va saliendo más a flor de pueblo el negro en Cuba. Paulatinamente, deja de ser una decoración, un motivo de risueña curiosidad y se mete en el papel verticalmente humano que le corresponde. Para algunos, esa salida es *moda,* porque no alcanzan el profundo sentido que tiene la aparición del hombre oscuro en el escenario universal, su imperativa, indetenible necesidad; para el resto es, además, modo: modo entrañable de la lucha en que hoy se debaten oprimidos y opresores en el mundo; modo patético del sufrimiento nacional cubano; modo expresivo de la esclavitud popular en la Isla; modo, en fin, de su más recóndita naturaleza.

Tales palabras sirven para delimitar, acabadamente, el sentido total del tema negro en la obra de Guillén. Desde sus inicios tal tema se presenta ligado fuertemente a cuestiones sociales y tal característica se mantiene a lo largo de toda la obra del poeta.

Es más, si efectuamos una revisión somera del total de la producción guillenesca, agrupándola en tres grandes apartados: poemas de motivos raciales, poemas de motivos sociales y poemas con otros motivos (es decir, no incluidos en ninguno de los dos grupos anteriores), podremos comprobar que el mayor número será el que constituye el último apartado, seguido a buena distancia por los poemas de motivo social, en tanto que los de motivo racial quedan relegados a un último lugar.

Los poemas del motivo racial (grupo en el cual incluimos todos aquellos que, de alguna manera, tocan el tema negro) sólo tienen preponderancia en un momento muy definido de la obra de Guillén (de 1930 a 1934), circunstancia que puede explicarse por el auge del negrismo en la América hispana de aquellas fechas. Con posterioridad a esa fecha, el motivo social supera en frecuencia al racial, que tiene siempre características muy definidas: lo negro no está visto, en la obra del cubano, como elemento exótico sino como realidad encarnada en el pueblo mismo, lo que favorece la presencia de rasgos sociales en los motivos estructurales de algunos poemas de índole racial.

Los poemas de motivo social tienen también singularidades específicas. Así, por ejemplo, en las ocasiones en que la propia patria, Cuba, sirve de motivo a un poema, ella está sentida como vivencia, y se presenta, a ojos del poeta, como una tierra degradada por un sistema social injusto, entre cuyos componentes hay que contar el imperialismo, el racismo, etc.: Cuba está concebida en una serie de composiciones como concretización de un peculiar significado conceptual: el de los males del imperialismo; el mensaje que portan tal tipo de poemas, explicitado en oportunidades, suele consistir en la incitación a la rebeldía («West Indies Ltd...», «José Ramón Cantaliso», «Mi patria es dulce por fuera», etcétera). Otra serie de poemas, estructurados también por motivos sociales, portan un mensaje espiritual de gran importancia para la comprensión de la obra total del poeta. En ellos se pretende subrayar la división del mundo, no en razas, sino en clases, recomendando, al tiempo, la necesidad de terminar con la explotación de una clase por otra («Dos niños», «Soldado, aprende a tirar», «No se por qué piensas tú», «Son núm. 6», etc.).

Más aún, diversos poemas, que aparecen estructurados por motivos que no portan mensaje alguno de rebeldía y en los que los significados conceptuales concretizados no trascienden más allá de su evidencia misma (la miseria, la injusticia, etc.), deben incluirse también dentro de las composiciones de tema social («Organillo», «Son venezolano», «Arte poética», «Responde tú», etc.).

Por último, la mayor parte de las composiciones poéticas de Guillén están estructuradas por motivos no relacionados con lo étnico ni lo social. Este grupo, el mayor, ha concitado menos frecuentemente la atención de la crítica. Se trata de poemas que se estructuran en torno a motivos tradicionales en la poesía de Occidente, sin que la situación significativa que les sirve de punto de partida funcione como concretización de concepto alguno de orden social o racial y sin que su mensaje apunte a la necesidad de terminar con la explotación de las razas o de las clases. Es posible observar, no obstante, cómo, en el tratamiento de los motivos tradicionales, Guillén conserva ciertas peculiaridades que distinguen su obra. Sucede, por ejemplo, en el tratamiento del motivo de la muerte. Dejando de lado los casos en que la muerte es sólo un rasgo de otro motivo, verbigracia el del amor (como en «La tarde pidiendo amor»), al menos cinco poemas tienen a la muerte como motivo estructurante. En *El son entero*, «Pero que te pueda ver» e «Iba yo por un camino»; en *La paloma de vuelo popular,* las dos variantes de «Muerte»; en *La rueda dentada,* el primero de los «Epigramas».

En general es la muerte, entendida como misterio absoluto, la que estructura estos poemas. El poeta, que dice no temerla, teme, sin embargo, lo desconocido de ella:

> Mátame al amanecer,
> o de noche, si tú quieres;
> pero que te pueda ver...

dice en «Pero que te pueda ver», y en la primera versión de «Muerte»:

> ¡Ay, de la muerte no sé
> de qué color va vestida
> y no sé si lo sabré!

El motivo de la muerte en Guillén está delimitado por la doble condición del poeta; por una parte desde la visión fi-

losófica que ve en el hombre un ser histórico cuyo lugar
será ocupado por otros hombres, pero, por otro lado, desde
el humano temor del fin individual.

Así, en ocasiones le aguijonea la curiosidad de lo desco-
nocido:

> ....: espero
> mi momento postrero,
> curioso, preparado,
> pues quizá me sea dado
> sentir que llega, armada,
> y herido por su espada
> gritar: ¡Te vi primero!

pero el sentido último de los poemas mencionados, su men-
saje, exalta a la vida y muestra a la muerte sólo como el fin
natural, no temible, de aquélla. Así, en la versión primera
de «Muerte» se lee:

> ¿Mano en el hueso y guadaña,
> curva guadaña buída,
> en la punta de una caña?
>
> ¡Literatura sabida
> terrorismo medieval
> para chantajear la vida!
>
> Yo entraré en la noche ciega,
> como entra la bestia oscura,
> que cuando la muerte llega,
> va y en la espesa espesura
> cuerpo en calma y alma entrega.

Ejemplos como los anteriores, esto es, poemas estructu-
rados por motivos absolutamente ajenos a temas sociales o
a temas raciales, abundan en la producción de Guillén sin
que, curiosamente, parte de la crítica haya modificado por
ello el juicio sobre su pretendida «poesía negra».

Aquellos elementos que se han calificado como característicos de la «poesía negra»: el pretendido lenguaje negro, determinados recursos estilísticos y una variedad específica de temas, no se encuentran en Guillén con sentido racial, sino de un modo mediatizado por el tema social. Más aún, el tema racial no alcanza numéricamente una representación mayoritaria entre los poemas del cubano.

Aunque Guillén nace en una fecha que coincide aproximadamente con la del nacimiento de varios (los más importantes) de los llamados «poetas negros»; aunque dado a conocer en pleno furor negrista, con un libro también, aunque sólo en apariencia, negrista, *Motivos de son,* el conjunto de la obra del poeta cubano lo muestra como un artista que supera los estrechos límites de la «poesía negra»; como un poeta cubano, americano, universal.

No se puede juzgar la poesía de Guillén sólo a la luz de sus libros primeros. Por el contrario, la obra del poeta camagüeyano tiene una unidad de sentido que se ha conformado a lo largo de más de cuarenta años de actividad poética. Buena muestra de ello es la notable superación de distintas formas poéticas que, en diversos momentos, ha efectuado en sucesivas obras. Siempre entrañablemente ligado a la vida cubana e hispanoamericana, Guillén capta y expresa acabadamente una realidad que le es propia e insustituible; su alta calidad poética logra adecuar los diversos contenidos de toda una etapa de la historia de los pueblos americanos a las formas más convenientes. Cada nuevo libro del cubano constituye una sorpresa, renueva su lírica, pero se inscribe al mismo tiempo dentro de la unidad total que da sentido a su obra.

La obra de Nicolás Guillén revela una sorprendente y casi singular conciencia (poética, del mundo) que se manifiesta en una serie de poemas que tienen el carácter de *Poéticas* y que se encuentran desde sus primeras composiciones hasta sus últimos libros. En estas poéticas las ideas sobre concepto y función de la poesía no varían substancialmente, aunque van siendo «readecuadas». El primero de los textos que traeremos a colación (y señalemos ya, entre paréntesis, que la muestra no pretende ser exhaustiva) se encuentra en el inédito *Corazón y cerebro,* se titula «Ansia» y dice:

> La palabra es la cárcel de la idea.
> Yo, en vez de la palabra quisiera
> para concretar mi duelo,
> la queja musical de una guitarra.
> Una de esas guitarras, cuya música
> dulce, sencilla, casta,
> encuentra siempre para hacer su nido
> algún rincón del alma...

Este poema, cuyo complemento es la «Elegía moderna del motivo cursi», escrita poco tiempo después, anuncia, tímidamente, la apoteosis de *Motivos de son.* La musa del poeta, a quien el último poema citado recomendaba «educar en los parques»

> ..., respirando aire libre,
> mojándose en los ríos y secándose al sol;
> ....

se dirige ya, desde esos primeros poemas programáticos, a la difícil conciliación de forma y fondo que distinguirá tan específicamente la obra del cubano.

Si *Motivos de son* presenta el magnífico resultado de esas intenciones tempranamente expresadas, *Sóngoro Cosongo* las reafirma y llena de nuevo sentido.

En la introducción de ese libro fundamental escribe Guillén:

> No ignoro, desde luego, que estos versos les repugnan a muchas personas, porque ellos tratan asuntos de los negros y del pueblo. No me importa. O mejor dicho: me alegra. Eso quiere decir que espíritus tan puntiagudos no están incluidos en mi temario lírico. Son gentes buenas, además. Han arribado penosamente a la aristocracia desde la cocina, y tiemblan en cuanto ven un caldero.
> Diré finalmente que éstos son unos versos mulatos. Participan acaso de los mismos elementos que entran en la

composición étnica de Cuba, donde todos somos un poco níspero. ¿Duele? No lo creo. En todo caso, precisa decirlo antes de que lo vayamos a olvidar. La inyección africana en esta tierra es tan profunda, y se cruzan y entrecruzan en nuestra bien regada hidrografía social tantas corrientes capilares, que sería trabajo de miniaturista desenredar el jeroglífico.

Opino por tanto que una poesía criolla entre nosotros no lo será de un modo cabal con olvido del negro. El negro —a mi juicio— aporta esencias muy firmes a nuestro cóctel.

En un momento determinado de su poesía, congruente con la asimilación de los negros al pueblo en general que rige *Motivos de son* (veáse *supra*), Guillén da un paso más allá en su concepción de una obra que exprese la condición mestiza de la Isla. La mayor parte de los poemas de *Sóngoro Cosongo* (cuyo título es, desde ya, significativo) expresan la tensión entre esas actitudes sucesivas y no contradictorias, incluyendo naturalmente «Llegada», especie de manifiesto de la mayoría de edad de los negros dentro del mestizaje cultural cubano.

Con todo, lo más relevante a nuestro juicio de la introducción citada es, como a menudo en Guillén, la perspectiva desde la que se canta y, más aún, la pauta que ésta marca sobre la delimitación del lector a que va dirigida y su integración en la obra (veáse *supra*). La aparente exclusión, irónica, de los «espíritus puntiagudos» a que alude el poeta, no es tal: su canto tiene como destinatario a la inmensa mayoría («en Cuba, donde todos somos un poco níspero»), si bien su lectura puede variar de uno a otro lector. En el proceso dialéctico en que cada libro del cubano es una superación del anterior (en el sentido preceptivo o didáctico que venimos reseñando), pero al mismo tiempo un documento que permite esa superación, no deja de ser notable que la obra que sigue a *Sóngoro Cosongo* (después de *West Indios Ltd.,* que es una síntesis y una ampliación de él), ostentando, como ostenta, un título que es una dedicatoria: *Cantos para soldados y sones para turistas,* inicie su segunda par-

te con «José Ramón Cantaliso» ese *doppelgaenger* de Gui-
llén, que va:

> ... de fiesta en fiesta,
> con su guitarra protesta,
> que es su corazón también,
> y a todos el son preciso,
> José Ramón Cantaliso
> les canta liso, muy liso,
> para que lo entiendan bien.

Cantar a todos (a cada uno) el *son preciso,* y cantarlo lisa,
sencillamente, son las dos notas distintivas de ese momen-
to poético en nuestro autor. Notas que permiten muchas
más variaciones que las que se podría suponer a primera
vista, y que conducen, además, a esa empresa fundamental
que dará título a su próxima obra (con el interregno trágico
de *España. Poema en cuatro angustias y una esperanza)* y
será motivo central del poema programa que la inaugura:
«Guitarra»:

> Cógela tú, guitarrero,
> límpiale de alcol la boca,
> y en esa guitarra, toca
> tu son entero.
>
> El son del querer maduro,
> tu son entero;
> el del abierto futuro,
> tu son entero;
> el del pie por sobre el muro,
> tu son entero...
> Cógela tú, guitarrero,
> límpiale de alcol la boca,
> y en esa guitarra, toca
> tu son entero.

Ese *son entero,* son del querer maduro, con sus entona-
ciones de esperanza y rebeldía, es la constatación de la obra
cumplida y el programa de la próxima. Observemos aquí

que, de alguna manera, la amplificación de ese programa a un ámbito mayor que el de la propia patria se insinúa en diversos detalles, de los cuales tal vez no sea el menor la invocación al «guitarrero», voz americana generalizada y popular para nombrar lo que los peninsulares llaman «guitarrista». (Véase en este sentido, *infra,* el uso del símbolo «guitarra» en la obra de Guillén; pero también la «Nota introductoria» a *Sóngoro Cosongo*.)

Reafirmando lo dicho, la obra siguiente, esto es, *La paloma de vuelo popular* (que aparece conjuntamente con *Elegías*) se abre con una composición titulada ya desembozadamente «Arte poética». Este poema es no sólo eso, sino también una historia y una teoría de la obra del propio poeta. En él se puede encontrar un juicio y una descripción de la primera etapa del autor, la anterior a *Motivos de son* («En mi chaqueta de abril / prendí una azucena viva, / y besé la sensitiva / con labios de toronjil»), la confesión de ciertas influencias («Un pájaro principal / me enseñó el múltiple trino», versos en los que creo, con muchos, descubrir una referencia a Darío) y la justificación del uso de formas métricas específicas, como continente no ya de motivos modernistas («Mi vaso apuré de vino. / Sólo me queda el cristal»). Pero hay también un programa: represión, cárcel, explotación, miseria, injusticia son motivos los más dignos de canto; y hay además una indicación sobre a *quiénes* dirigir el canto. Hay, finalmente, una curiosa afirmación del carácter profético, social, del poeta («Dile también del fulgor / con que un nuevo sol parece:»; 1952). Los dos últimos versos del poema son una mínima alegoría sobre la condición y la función del escritor:

> en el aire que la mece
> que aplauda y grite la flor.

Si recogemos las cuestiones dichas hasta aquí podremos entender, no sólo el cambio de tono que preside un libro como *El gran zoo* (que aunque publicado en 1967 recoge textos escritos desde 1958), en que la alegría de la aparición definitiva de aquel sol que anunciaba el poeta en 1952 explica el humor y desenfado del temple de ánimo, sino también la vocación americana (presente desde muy temprano en la obra de Guillén) que inunda las páginas de *Tengo*. Hay en esta obra un poema excepcional, que aunque no puntualmente preceptivo, incluye versos fundamentales para comprender el nuevo sesgo en la constante poética del autor. Son los versos finales de «Crecen altas las flores», que en la edición definitiva dicen:

> Sólo que en nuestra América crecen altas las flores.
> Engarza el pueblo y pule sus más preciadas gemas.
> De las guerrillas parten bazucas y poemas.
> Con vengativa furia truenan los ruiseñores.

Y en la original, tiene por último verso éste:

> Gorjean los fusiles, truenan los ruiseñores.

El equilibrio de este bimembre (que preferimos, excepcionalmente, a la versión final) marca en sus términos la afortunada síntesis de la poética del cubano. Este verso es el correlato y el cumplimiento de otros que constan en «No sé por qué piensas tú» (de *Cantos para soldados*), pero aquí el sentido es más amplio, también más profundo. La visión de América como un continente en donde se combate y canta al unísono, pero donde, sobre todo, combate y canto no son actividad de unos cuantos, sino patrimonio común, responsabilidad y alegría compartida, marca el más alto punto de una poética que ya no sólo aspira a dirigirse a la inmensa mayoría, sino a ser llevada adelante por todos.

La conciencia irónica del poeta apunta en los dos últimos textos con carácter de «poéticas» que mencionaremos; se encuentran en *La rueda dentada,* entre los «Epigramas», y dice, el primero:

> Joven, comprendo
> su desesperación y prisa.

> Pero creo que para deshacer un soneto
> lo anterior es hacerlo.

y el segundo:

> Para hacer un poema,
> lo importante es saber cómo se hace un poema.
> Ya sabes, pues, Orencio, cómo se hace un poema.

Hacia 1922 Guillén quería, para concretar su duelo, «la queja musical de una guitarra». La búsqueda de esa forma simple, alejada, sin embargo, del hablar en necio que preconizaba Lope, se llenaría pronto de sentido, al elegir como materia de su canto los «asuntos de los negros y (sobre todo) del pueblo»: la poesía entendida como revelación, como rebelión y como esperanza sería la tónica de esa guitarra al entonar su *son entero:* su misión, decirlo de mil formas distintas; decir también «del fulgor con que un nuevo sol parece». Observemos cómo, junto a una poética mantenida pero con variaciones, el símbolo de la guitarra permanece también como constante. El motivo de la guitarra, entendida como concretización del canto y la poesía, aparece en Guillén en múltiples ocasiones: en «Ansia» es símbolo de lo dulce, lo sencillo, lo casto; en «Guitarra» *(El son entero)* se nos ofrece ya la imagen visionaria que une la guitarra a la mulata; posteriormente, en «Arte poética», la sinonimia guitarra-poesía es ya evidente. Como síntesis madura de la trayectoria de ese símbolo puede tomarse «Guitarra» de *El gran zoo,* poema que explica de alguna manera el nuevo temple de ánimo que preside la poesía de Guillén desde ese libro, y que debe emparentarse, sin duda, con la nueva sociedad que se va creando en su patria:

> Fueron a cazar guitarras,
> bajo la luna llena.
> Y trajeron ésta,
> pálida, fina, esbelta,
> ojos de inagotable mulata,

44

cintura de abierta madera.
Es joven, apenas vuela.
Pero ya canta
cuando oye en otras jaulas
aletear sones y coplas.
Los sonesombres y las coplasolas.
Hay en su jaula esta inscripción:
«Cuidado: sueña.»

Tres realidades se entremezclan ahora en esta nueva visión del instrumento. Por una parte, la guitarra como tal; por otra, la guitarra-mulata, a través de una serie de epítetos (pálida, fina, esbelta, ojos de inagotable mulata, cintura de abierta madera) que repiten, en parte, los conceptos del poema de *El son entero;* por último, la guitarra-ave canora silvestre. Tal visión múltiple del objeto (guitarra, mulata, ave) otorga una realidad nueva llena de encantadora maravilla, que viene a reforzarse con el verso final: «Cuidado: sueña.»

Así también la guitarra (la poesía) de Nicolás Guillén supo conservar las líneas centrales de una poética comprometida, pero adecuándola siempre al momento y a la materia de su canto. Sones de los hombres y coplas solas pueden encontrarse en esa obra que, de distintas maneras, también sueña.

Desde 1930 (y aún antes), Guillén cantó y soñó sobre América. Su canto fue de rebeldía y esperanza, de combate y saludo mientras pesó sobre su patria el duro destino de tantas naciones hispanoamericanas. El negro se constituye a veces, en sus poemas, en símbolo de los oprimidos, del pueblo; pero es ese pueblo en su conjunto la inspiración central de su obra. Con el triunfo de la revolución cubana, el canto del poeta se hizo alegre y confiado, sin ignorar la ironía y la crítica. Y siempre su ejercicio poético se distinguió por su acendrado oficio y conciencia.

Poeta nacional de Cuba, guitarrero mayor de América, Guillén logró que su poesía volviera a las bocas de las que había salido, las de los pueblos de América, que cantan o

repiten, a veces ignorando quien fue su autor, «el son ente-
ro» de ese cubano universal:

> El son del querer maduro,
> tu son entero;
> el del abierto futuro,
> tu son entero;
> el del pie por sobre el muro,
> tu son entero...

Esta edición

Hemos querido ofrecer una visión total de la obra lírica de Guillén, desde su primer libro hasta el último, incluyendo además algunas muestras de su producción inédita. El título de la selección, *Summa poética,* quiere aprovechar los varios significados del sustantivo: recopilación y agregado, pero también lo más sustancial e importante de una cosa.

El aparato crítico de la edición incluye una introducción en que se ha pretendido dar un panorama de la poética de nuestro autor, enraizándola, en ocasiones, con el desarrollo histórico de su patria y de América. A más de dicha introducción, la selección de poemas de cada libro de Guillén va precedida de una *Nota introductoria* destinada a las características (editoriales, literarias, etc.) del volumen pertinente; en ellas señalamos, regularmente, la edición seguida en la actual antología en cada caso.

Los poemas, finalmente, soportan algunas notas de pie de página enderezadas en lo fundamental a dos objetivos: recoger las variantes de cada poema en sus distintas versiones (de haberlas) y esclarecer algunos puntos (históricos, semánticos, etc.) de posible dificultad para el lector español. Debo señalar que las notas lexicográficas, a riesgo de parecer ingenuas, suelen remitir al Diccionario de la Real Academia, para pasmo de quienes piensen que, en la obra de Guillén, todo el monte es americanismos; en las ocasiones, contadas, en que las notas léxicas no tienen referencia se trata, sí, de americanismos a veces indocumentados.

No quiero concluir estas líneas sin señalar la grave deuda contraída con Ángel Augier, estudioso principal de la obra de Guillén, todos cuyos libros y muy especialmente su edición de la *Obra poética* del cubano, han sido de fundamental utilidad para la elaboración de esta *Summa poética*.

Nota a la edición actual

Hace casi veinte años que apareció por primera vez esta antología de la obra poética de Nicolás Guillén. Demasiados años para no introducir en ella algunas correcciones mínimas, pero demasiados, también, para intentar rehacerla totalmente.

En la Introducción trato de aclarar algunas cosas que, en la edición primitiva, parecen haber sido oscuras. En la Bibliografía agrego los libros sobre la obra del cubano que han aparecido en los últimos años y los artículos citados en los retoques a la Introducción. Dejo sin tocar las Notas introductorias, la selección de los poemas y su anotación.

Bibliografía

OBRAS DE NICOLÁS GUILLÉN

Motivos de son, La Habana, Rambla, Bouza y Cía., 1930, 12 páginas.

Sóngoro Cosongo. Poemas mulatos, La Habana. Úcar, García y Cía., 1931, 56 páginas.

West Indies, Ltd. Poemas, La Habana, Úcar, García y Cía., 1934, 48 páginas.

Claudio José Domingo «Brindis de Salas», el rey de las octavas, apuntes biográficos, La Habana, Municipio de La Habana, col. Cuadernos de historia habanera, 1935, 43 páginas.

Cantos para soldados y sones para turistas, prólogo de Juan Marinello, grabados de José Chávez Morado, México, Masas, 1937, 87 páginas.

España. Poema en cuatro angustias y una esperanza, México, México Nuevo, 1937, 22 páginas.

España. Poemas en cuatro angustias y una esperanza, Valencia, Ediciones Españolas, 1937, 40 páginas.

Hombres de la España leal (crónicas en colaboración con Juan Marinello), La Habana, 1938, 156 páginas.

Sóngoro Cosongo y otros poemas, con una carta de Miguel de Unamuno, La Habana, Imp. La Verónica, 1942, 120 páginas.

Estampa de Lino D'ou, La Habana, Gaceta del Caribe, 1944, 38 páginas.

El son entero. Suma poética. 1929-1946, con una carta de Miguel de Unamuno, textos musicales de Eliseo y Emilio Grenet,

Alejandro García Caturla y Silvestre Revueltas, ilustraciones de Carlos Enríquez, Buenos Aires, Pleamar, 1947, 210 páginas.

Elegía a Jacques Roumain en el cielo de Haití, dibujo de Luis Alonso, La Habana, Imp. Ayón, Colección Yagruma, I, 1948, 17 páginas.

Elegía a Jesús Menéndez, dibujos de Carlos Enriquez, La Habana, 1951, 53 páginas.

Elegía cubana, La Habana, Mujeres y Obreros Unificados, 1956, cubierta de Mariano, 2 páginas.

La paloma de vuelo popular. Elegías, Buenos Aires, Losada, 1958, 157 páginas.

Buenos días, Fidel, México, Gráfica Horizonte, 1959, Colección Quinto Regimiento, 3, 13 páginas.

¿Puedes?, La Habana, Ucar, García y Cía., Colección Centro, 3, 1960, 13 páginas.

Balada, La Habana, Movimiento por la Paz y Soberanía de los Pueblos, 1962, 6 páginas.

Prosa de prisa, La Habana, Universidad de Las Villas, 1962, 343 páginas.

Tengo, prólogo de José Antonio Portuondo, La Habana, Consejo Nacional de Universidades, Universidad Central de Las Villas, 1964, 197 páginas.

Poemas de amor, La Habana, La Tertulia, 1964, 57 páginas.

Antología mayor, La Habana, Bolsilibros Unión, 1964, 292 páginas.

El gran zoo, La Habana, Unión, 1967, ilus. Fayad Jamís, cubierta, ed. Abela Alonso, 88 páginas.

Che Comandante, La Habana, Instituto Cubano del Libro, 1967, 4 páginas.

Antología mayor, La Habana, Instituto del Libro, 1969 [2.ª ed. ampliada], 323 páginas.

Cuatro canciones para el Che, La Habana, Consejo Nacional de Cultura, 1969, 42 páginas.

La rueda dentada, La Habana, UNEAC, 1972, 131 páginas.

El diario que a diario, La Habana, UNEAC, 1972, 87 páginas.

Obra poética, compilación, prólogo y notas de Ángel Augier, La

Habana, UNEAC, 2 vols. (I: 1920-1958; II: 1958-1972), 1972-1973.

Prosa de prisa. 1929-1972, compilación, prólogo y notas de Ángel Augier, La Habana, Arte y Literatura, Colección Letras Cubanas, 3 vols., 1975-1976.

Por el mar de las Antillas anda un barco de papel (poemas para niños mayores de edad), La Habana, Unión, Colección Ismaelillo, 1978. [Una edición mimeografiada de este libro, en 144 ejemplares, había sido publicada por UNEAC en 1977.]

Sol de domingo, La Habana, UNEAC, 1982, 214 páginas.

Páginas vueltas, La Habana, Unión, 1982.

ALGUNOS ESTUDIOS SOBRE LA OBRA DE NICOLÁS GUILLÉN

ALLEN, Martha E., «Nicolás Guillén, poeta del pueblo», *Revista Iberoamericana,* vol. XV, núm. 29, febrero-julio de 1949, páginas 29-43.

ALTOLAGUIRRE, Manuel, «Sóngoro Cosongo», *Revista de Occidente,* Madrid, XXXVI, junio de 1932, págs. 381-384.

AROZARENA, Marcelino, «El antillano domador de sones», *Revista América,* La Habana, vol. XVII, núm. 1-2, enero-febrero de 1943, págs. 37-42.

ARROM, José Juan, «La poesía afrocubana», *Revista Iberoamericana,* t. IV, núm. 7-8, 1942, págs. 379-411.

AUGIER, Ángel, *Nicolás Guillén; notas para un estudio biográfico-crítico,* La Habana, ed. Universidad de Las Villas, 1962, t. I.

— «Poesía de Cuba en Nicolás Guillén: su expresión plástica», *Unión,* La Habana, I, núm. 2, junio-agosto de 1962, págs. 61-78.

— *Nicolás Guillén, notas para un estudio biográfico-crítico,* La Habana, Universidad de las Villas, 1964, t. II.

— Nota a Nicolás Guillén, *Antología mayor,* La Habana, *Unión,* col. Bolsilibros, 1964, págs. 7-8.

— «Alusiones afrocubanas en la poesía de Nicolás Guillén», *Unión,* VI, núm. 4, diciembre de 1968, págs. 143-151.

— Prólogo y notas en la poesía de Nicolás Guillén, *Obra poética,* La Habana, UNEAC, 1972, 2 vols.

— *La Revolución Cubana en la poesía de Nicolás Guillén,* La Habana, Letras Cubanas, 1979, 54 páginas.

Biblioteca Nacional José Martí, *Bibliografía de Nicolás Guillén,* La Habana, Instituto Cubano del Libro, 1975, 379 páginas.

CARRERA ANDRADE, Jorge: «Nicolás Guillén, poeta del hombre común y mensajero del trópico», *Revista de las Indias,* Bogotá, vol. XXVIII, núm. 90, 1946, págs. 467-472.

CARTEY, Wilfred, «Cómo surge Nicolás Guillén en las Antillas», *Universidad de Antioquia,* Medellín, t. XXXIV, núm. 133, abril-junio de 1958, págs. 257-274.

— «The son in crescendo», en *Blak Images,* Nueva York, Teachers College Press, 1970, págs. 111-148.

COSSIO, Adolfina, «Recursos rítmicos en la poesía de Nicolás Guillén», *Santiago,* Santiago de Cuba, diciembre de 1971, núm. 5, págs. 177-222. [Existe una versión en inglés: *Rhythmic effects in Nicolás Guillén's poetry,* Santiago de Cuba, Universidad de Oriente, 1979, 36 págs.]

COUFFON, Claude, «Nicolás Guillén and West Indian negritude», *Caribbean Quarterly,* Port of Spain, Trinidad, vol. XVI, núm. 1, marzo de 1970, págs. 52-57.

DILL, Hans-Otto, «De la exposición periodística a la representación artística», *Revista de la Biblioteca Nacional,* La Habana, tercera época, vol. XIV, 63, núm. 2, mayo-agosto de 1972, págs. 65-80.

ELLIS, Keith, *Cuba's Nicolás Guillén: poetry and ideology,* Toronto, University of Toronto Press, 1983, 251 págs. [Existe versión española: *Nicolás Guillén, poesía e ideología: perfil libre,* La Habana, UNEAC, 1987, 387 páginas.]

FEIJOO, Samuel, «Visita a Nicolás Guillén en su trabajante sesentanía», *Islas,* vol. V, núm. I, julio-diciembre de 1962, páginas 115-124.

— «El son en la letra», *Signos,* La Habana, núm. 3, mayo-agosto de 1971, págs. 85-201.

FERNÁNDEZ, Manuel, «Raíz española en la poesía de Nicolás Guillén», *Estudios Americanos,* Sevilla, vol. VIII, núms. 38-39, noviembre-diciembre de 1954, págs. 461-467.

FERNÁNDEZ RETAMAR, Roberto, «Nicolás Guillén: su poesía negra» y «Nicolás Guillén: su poesía social» en *La poesía contemporánea en Cuba (1927-1953),* La Habana, Orígenes, 1954, págs. 56-62 y 69-75.

— «¿Quién es autor de la poesía de Nicolás Guillén?», *Cuba,* I, núm. 8, diciembre de 1962, págs. 49-53.

— «Sobre Guillén, poeta cubano», *Islas,* vol. V, núm. 1, julio-diciembre de 1962, págs. 127-132.

— *El son de vuelo popular,* La Habana, Unión, Col. Contemporáneos, 1972.

FLORIT, Eugenio, «Presencia de Cuba: Nicolás Guillén, poeta entero», *Revista de América,* Bogotá, vol. XIII, febrero de 1948, págs. 234-248.

HERNÁNDEZ NOVÁS, Raúl, «La más reciente poesía de Nicolás Guillén», en *Casa de las Américas,* La Habana, X, núm. 75, noviembre-diciembre de 1972, págs. 159-161.

ÍÑIGO MADRIGAL, Luis, «Poesía última de Nicolás Guillén, *Revista del Pacífico,* Valparaíso, vol. I, núm. 1, 1964, págs. 73-82.

— «Las elegías de Nicolás Guillén: Elegía a Emmett Till», *Cuadernos de Filología,* Valparaíso, núm. 1, 1964, págs. 47-58.

— «Introducción a la poesía de Nicolás Guillén», prólogo a: Nicolás Guillén, *Antología clave,* Santiago de Chile, Nascimiento, Col. Biblioteca Popular, 1971, págs. 5-22.

— Prólogo a: Nicolás Guillén, *El son entero,* Santiago de Chile, Quimantú, 1973.

IRISH, J. A. George, *Nicolás Guillén: growth of a revolutionary consciousness,* Nueva York, Caribbean Research Center, City University of New York, 1990, 144 páginas.

KUBAYANDA, Josaphat Bekunuru, *The poet's Africa: Africannes in the poetry of Nicolás Guillen and Aime Cesaire,* Nueva York, Greenwood Press, 1990, 176 páginas.

JIMÉNEZ GRULLÓN, Juan Isidro, «Nicolás Guillén», en *Seis poetas cubanos; ensayos apologéticos,* La Habana, Cromos, 1954, págs. 87-108.

JOSET, Jacques, «Estructura del alocutorio e ideología en la obra de Nicolás Guillén», *Coloquio sobre Nicolás Guillén,* Rijksuniversiteit te Leiden, 1982, págs. 95-119.

— «Las "artes poéticas" de Nicolás Guillén», *Revista de Literatura Cubana,* núm. 11, julio-diciembre 1988 (Actas del Coloquio Internacional sobre la obra de Nicolás Guillén, Burdeos, septiembre 1987), págs. 33-46.

MANSOUR, Mónica, *Análisis textual e intertextual: "Elegía a Jesús Menéndez" de Nicolás Guillén,* México, UNAM, 1980, 93 páginas.

MARINELLO, Juan, «Hazaña y triunfo americanos de Nicolás Guillén», en *Literatura hispanoamericana (hombres-meditaciones),* México, Universidad Nacional de México, 1937, págs. 81-90.

MÁRQUEZ, Robert, «Introducción a Guillén», Casa de las Américas, La Habana, XI, núm. 65-66, marzo-junio de 1971, páginas 136-142.

MARTÍ FUENTES, Adolfo, «España en cinco esperanzas», *Revista de la Biblioteca Nacional,* La Habana, tercera época, volumen XIV, 63, número 2, mayo-agosto de 1972, págs. 55-63.

MARTÍNEZ ESTRADA, Ezequiel, *La poesía afrocubana de Nicolás Guillén,* Montevideo, Arca, 1962.

MELON, Alfred, «Guillén: poeta de la síntesis», *Unión,* La Habana, IX, núm. 4, diciembre de 1970, págs. 96-132.

— *Realidad, poesía e ideología,* La Habana, Unión, 1974, 61 páginas.

MOREJÓN, Nancy, *Nación y mestizaje en Nicolás Guillén,* La Habana, UNEAC, 1982, 332 páginas.

NAVARRO, Desiderio, «Sonido y sentido en Nicolás Guillén. Contribuciones fonoestilísticas», *Revista de Literatura Cubana,* núm. 2-3, enero-julio 1984, págs. 5-21.; también en su *Ejercicios de criterio,* La Habana, UNEAC, 1988, págs. 11-32.

NAVAS-RUIZ, Ricardo, «Neruda y Guillén: un caso de relaciones literarias», *Revista Iberoamericana,* vol. XXXI, núm. 60, julio-diciembre de 1965, págs. 251-262.

ORTIZ, Fernando: «Motivos de son, por Nicolás Guillén», *Archivos del Folklore Cubano,* La Habana, vol. V, 3, julio-septiembre de 1930, págs. 222-238.

PEREDA VALDÉS, Ildefonso, «Nicolás Guillén y el ritmo del son», en *Línea de color (ensayos afroamericanos),* Santiago de Chile, Ercilla, 1938, págs. 143-151.

PORTUONDO, José Antonio, «Prólogo» a Nicolás Guillén, *Tengo, La Habana,* ed. Universidad de Las Villas, 1964, págs. 7-17.

PUCCINI, Dario, «Introduzione alla poesia di Nicolás Guillén», prólogo a Nicolás Guillén, *Canti Cubani,* tr. de Dario Puccini, Roma, Editori Riuniti, Col. Enciclopedia Tascabile, 1961, págs. 7-36.

Recopilación de textos sobre Nicolás Guillén, La Habana, Casa de Las Américas, Serie Valoración Múltiple, Selección y prólogo de Nancy Morejón, 1974, 429 páginas.

RUFFINELLI, Jorge, *Poesía y descolonización: viaje por la poesía de Nicolás Guillén,* Xalapa, Universidad Veracruzana, 1985, 176 páginas.

RUSCALLEDA BERCEDÓNIZ, Jorge María, *La poesía de Nicolás Guillén: cuatro elementos sustanciales,* Río Piedras, Universidad de Puerto Rico, 1975, 310 páginas.

SANTANA, Joaquín G., *El joven Guillén,* La Habana, 1987, 93 páginas.

SARDINHA, Carls Dennis, *The poetry of Nicolás Guillén: an introduction,* Londres, New Beacon Books, 1976, 80 páginas.

SALOMON, Nöel, «À propos de *El son entero*», *Cuba sí,* París, número 12, primer trimestre de 1965, págs. 3-12.

SMART, Ian, *Nicolás Guillén, popular poet of the Caribbean,* Columbia, University of Missouri Press, 1990, 187 páginas.

TOUS, Adriana, *La poesía de Nicolás Guillén,* Madrid, Cultura Hispánica, 1971.

VARELA, José Luis, «Ensayo de una poesía mulata», en *Ensayos de poesía indígena en Cuba,* Madrid, Cultura Hispánica, 1951, páginas 75-120.

VITIER, Cintio, «Breve examen de la poesía "social y negra". La obra de Nicolás Guillén. Hallazgo del son», en *Lo cubano en la poesía,* La Habana, Universidad de Las Villas, 1958, páginas 340-368.

VV. AA., *Tres ensayos sobre Nicolás Guillén* [MÁRQUEZ, Roberto, «Racismo, cultura y revolución»; MELON, Alfred, «Guillén, poeta de la síntesis»; ELLIS, Keith, «Americanismo»], La Habana, UNEAC, 1980, 94 páginas.

WHITE, Clement A., *Decoding the word: Nicolás Guillén as ma-*

ker and debunker of myth, Florida, Ediciones Universal, 1993, 219 páginas.

WILLIAMS LORNA, V., *Self and society in the poetry of Nicolás Guillén,* Baltimore, John Hopkins University Press, 1982, 177 páginas.

Summa poética

Motivos de son

Motivos de son era el título genérico con que, el 20 de abril de 1930, aparecieron en la página "Ideales de una raza", del *Diario de la Marina*, en La Habana, ocho poemas que habrían de producir verdadera conmoción en los círculos literarios de Cuba y, posteriormente, de toda América.

En ese mismo mes, y con el mismo nombre, se imprimían los ocho textos ("Negro bembón", "Mi chiquita", "Búcate plata", "Sigue", "Ayé me dijeron negro", "Tú no sabe inglé", "Si tu supieras", "Mulata") en libro: apenas un "brevísimo folleto de edición muy limitada, tan limitada que no llegó a los cien ejemplares", publicado en La Habana con el sello de la Imprenta y Papelería de Rambla, Bouza y Cía.

Otros tres *motivos* se publicarían aún en la misma página del *Diario de la Marina*, con fecha 6 de julio de 1930: "Curujey", "Me bendo caro!" y "Hay que tené boluntá".

Los once poemas mencionados figuraban en la primera edición de *Sóngoro Cosongo. Poemas mulatos* (La Habana, 1931), pero "Si tu supiera" había cambiado su título por "Sóngoro Cosongo" y podían observarse, en el conjunto, algunas variantes ortográficas. En ediciones posteriores Guillén suprimiría tres textos: los de "Ayé me dijeron negro", "Curujey" y "Me bendo caro!", e introduciría nuevas variantes. Así por ejemplo, sucedía en *El son entero. Suma poética 1929-1946* (Buenos Aires,

1947), versión reproducida con mínimos cambios en *Sóngoro Cosongo* (Buenos Aires, 1952) y también en la primera edición de la *Antología mayor* (La Habana, 1964), tal como en la presente antología. La segunda edición de la *Antología mayor* (La Habana, 1969) repite, en cambio, la versión original de 1930, cosa que ocurre, asimismo, en *Obra poética* (La Habana, 1972-1973; para todos estos datos vid. *Bibliografía*.)

El entusiasmo inicial suscitado por la aparición de *Motivos de son*, tuvo, posteriormente, perniciosos efectos críticos. Pasado el primer momento, al ubicar aquellos poemas dentro del conjunto de la obra del autor, parte de la crítica trató de darles un lugar preeminente invocando razones ciertamente equivocadas. Dos son las principales. Hubo quienes han dicho que (dentro del total de la obra guilleneana) *Motivos de son* se beneficia, artísticamente, por la ausencia de intención social que pretenden descubrir en ellos. Otros han sostenido que la real calidad del libro (y su superioridad sobre el resto de la obra del autor), reside en la acertada captación del habla de los negros y en su transcripción (pseudo) fonética.

Ambas razones se nos aparecen como falsas. La segunda de ellas (la más débil) porque no toma en cuenta las variantes gráficas introducidas por el poeta con que *Motivos de son* han aparecido desde la edición del *Diario de la Marina* hasta la de *Obra poética*, ni la ausencia de diferencias diatópicas entre el lenguaje utilizado en los poemas y el español popular de Cuba en general (vid. *Introducción*).

El primero de los argumentos en favor (¿o en detrimento?) de los *Motivos* merece mayor atención. No es cierto en absoluto que lo social este ausente en esta obra, si bien no con las características que va a revestir en la producción posterior de Guillén. El sentido real de su primer libro es semejante al que, pocos años después (1934) expondría Fernando Ortiz en forma programática:

En estos tiempos de nacionales congojas y de honda tragicidad, cuando el cubano tiene para sobrevivir que comenzar por reconquistarse a sí mismo contra las aniquilantes presiones de los imperialistas foráneos, así en la economía como en la política, es indispensable que sean mantenidas todas las afirmaciones del espíritu cubano por el esfuerzo propio. Sino tan grave como el imperialismo económico, que succiona la sangre del pueblo cubano, es también disolvente el imperialismo ideológico que le sigue. Aquel le rompe su independencia económica; este le destroza su vida moral. El uno le quita el sostén; el otro el alma. Tratemos, pues, de conocernos a nosotros mismos y de alquitarar nuestras esencias para mantener puras las de valor sustantivo y perenne y apartar aquellas que, nuestras o extrañas, sean ya de pútrida rranciedad o traigan a nuestra vida una letal ponzoña. Y no olvidemos que la música vernácula es una de las más vigorosas afirmaciones de una nación, y que la cubana da al mundo resonancias que llegan a todos los pueblos, cuando se interrogan a sí mismos en los momentos íntimos de humana y espontánea simplicidad.

Nicolás Guillén, que querría "una poesía nacional, liberada al fin, dueña de si misma, en la que no sea aventura fácil separar las esencias que la integran", una poesía "negri-blanca", "honda vertebración lírica cubana" de "duro y duradero perfil", escribe su primera obra inspirado en los mismos ideales que expondría Ortiz: poesía profundamente nacional y en su especial sentido "anti-imperialista". Poesía afincada en las tradiciones vernáculas (musicales) de los cubanos. Poesía que tenga "resonancia en todos los pueblos del mundo". Eso, y no otra cosa, son los *Motivos de son*.

Los ocho poemas que aquí reproducimos constituyen, en efecto, recreaciones literarias de un antiguo ritmo cubano: el son. Esta palabra, que en la literatura teatral española del Siglo de Oro, designaba a toda composición bailable, siendo, por tanto, sinónimo de baile, nombra actualmente a una danza cubana cuya forma consiste en un estribillo de no más de cuatro compases que se canta a coro, y una frase musical de ocho compases que habitualmente canta un solista.

De lo tradicional del ritmo y, lo que es más importante, de su bicefalismo hispano-africano, da razón Alejo Carpentier en *La música en Cuba*, cuando al hablar del "Son de la Má Teodora", del siglo XVI, destaca cómo la melodía parece calcada de la de algún romance extremeño, pero el rasguido que acompaña al estribillo intercalado entre verso y verso tiene un ritmo induscutiblemente negroide.

Guillén vuelca esa forma musical tradicional en una estructura poética que, con ligeras variantes, repite en los ocho poemas. Unos primeros versos en los que se presenta el "motivo" de la composición, a los que siguen otros que, continuando en algún sentido el tema de los primeros, intercalan, verso a verso, un estribillo que, con énfasis admirativo, cierra la composición.

La raigambre popular del son se aúna, además, a la condición popular de los motivos de constelación de la totalidad de los *Motivos*. En mayo de 1930, Guillén declaraba en una entrevista:

> He tratado de incorporar a la literatura cubana —no como simple motivo musical, sino como elemento de verdadera poesía— lo que pudiera llamarse *poema-son*, basado en la técnica de esa clase de baile tan popular en nuestro país. Los sones míos pueden ser musicalizados, pero ello no quiere decir que estén escritos precisamente con ese fin, sino con el de presentar, en la forma que acaso les sea más conveniente, cuadros de costumbres hechos de dos pinceladas y tipos del pueblo tal como ellos se agitan a nuestro lado. Tal como hablan. Tal como piensan... Mis *poemas-sones* me sirven además para reivindicar lo único que nos va quedando que sea verdaderamente nuestro, sacándolo a la luz, y utilizándolo como un elemento poético de fuerza.

para añadir:

> en lo que se refiere a la orientación de mi poesía, creo que al fin me he encontrado. Me encanta el estudio del pueblo. La búsqueda de su entraña profunda. La interpretación de sus dolores y de sus goces.

Y efectivamente, la lectura de los motivos permite constatar la presencia de la entraña profunda de lo popular. No se trata, sin embargo, de una meta; sí del comienzo de un largo camino. La poesía de Nicolás Guillén no puede comprenderse sin estos breves textos: pero ellos a su vez sólo tienen sentido dentro del conjunto de una obra que, con el transcurso de los años, daría nuevas muestras de vitalidad.

NEGRO BEMBÓN

¿Por qué[1] te pone tan bravo[2],
cuando te dicen[3] negro bembón[4],
si tiene la boca santa[5],
negro bembón?

Bembón así como ere
tiene de to;
Caridad[6] te mantiene,
te lo da to.

Te queja todavía[7],
negro bembón;
sin pega y con harina[7bis]
negro bembón...,
majagua[8] de dril[9] blanco,

---

[1] Ed. 1930: "¿Po qué".
[2] Ed. 1930: brabo; *bravo*, DRAE, 6. Enojado, enfadado, violento.
[3] Ed. 1930: "disen".
[4] bembón: DRAE, *bezudo*. Dícese sólo de las personas; s. v. bezudo, adj. Grueso de labios. Dícese de las personas y también de las
cosas inanimadas o materiales, como monedas, etc.
[5] boca santa: atractivo sexual.
[6] Ed. 1930: "caridá".
[7] Ed. 1930: "todabía"; ed. 1931: "entodabía".
[7bis] pega: trabajo; harina: dinero.
[8] majagua: malvácea que proporciona filamentos; Fernández de
Oviedo habla de un árbol llamado *damahagua* del que los nativos
hacían cuerdas, sogas y hamacas. De allí probablemente por extensión,
cualquier tejido y, después, en Cuba, traje.
[9] Ed. 1930: "dri"

negro bembón;
zapato[10] de do tono,
negro bembón;

Bembón así como ere,
tiene de to;
¡Caridad te mantiene,
te lo da to![11]

MULATA

Ya yo me enteré[12], mulata,
mulata, ya sé que dice[13]
que yo tengo la narice[14]
como nudo de corbata[15].

Y fíjate que tú
no ere tan adelantá,[15bis]
porque[16] tu boca e bien grande,
y tu pasa[17], colorá.

Tanto tren con tu cuerpo[18],
tanto tren;
tanto tren con tu boca,
tanto tren;

[10] Ed. 1930: "sapato"
[11] Ed. 1930: Caridá te mantiene, / te lo da to; ed. 1931: ...te lo da to!
[12] Ed. 1931: ya yo m'enteré, mulata,
[13] Ed. 1930: "dise"
[14] Ed. 1930: "narise"
[15] Ed. 1930: "cobbata"
[15bis] adelantá: adelantada: mestiza de color claro.
[16] Ed. 1930: "poqque"
[17] pasa: DRAE, 3 fig. Cada uno de los mechones de cabellos cortos, crespos y ensortijados de los negros; AUT., Passas., llaman por semejanza los cabellos cortos, crespos y retortijados de los negros, por parecerlo en lo arrugado y aplastado.
[18] Ed. 1930: "cueppo"

tanto tren con tu sojo[19],
tanto tren...

Si tú supiera, mulata,
la verdá[20];
¡que yo con mi negra tengo,
y no te quiero pa na!

SÓNGORO COSONGO[21]

¡Ay, negra,
si tú supiera!
Anoche te vi[22] pasar[23],
y no quise que me viera[24].
A él[25] tú le hará como a mí,
que cuando no tuve[26] plata
te corrite de bachata[27],
sin acordarte[28] de mí.

Sóngoro, cosongo,
songo be;

---

[19] "tus ojos"
[20] Ed. 1930: "veddá"; ed. 1931: "beddá".
[21] En la ed. 1930 el título de este poema es "Si tu supiera". En 1931 cambió su denominación por la de su estribillo, que sirvió también de nombre al volumen. La jitanjáfora que le caracteriza, inaugura en la obra de Guillén el fructífero uso de este recurso (Vid. *Introducción*), anotándose aquí la característica particular de que en ella se incluye por dos veces la sílaba *SON*, de tanta importancia para la poética del cubano desde múltiples puntos de vista.
[22] Ed. 1930: "bi"
[23] Ed. 1930: "pasá"
[24] Ed. 1930: "biera"
[25] Ed. 1930: "é"
[26] Ed. 1930: "tube"
[27] bachata; DRAE. En Cuba y Puerto Rico.· Juerga, holgorio. corrite: por corriste; correrse de bachata: irse de juerga.
[28] Ed. 1930: "acoddate"

sóngoro, cosongo
de mamey;
sóngoro, la negra
baila bien;
sóngoro de uno,
sóngoro de tré.

Aé,
vengán[29] a ver[30];
aé, vamo pa ver[31];
¡vengan[32], sóngoro cosongo,
sóngoro cosongo
de mamey![33]

SIGUE...

Camina, caminante,
sigue;
camina y no te pare,
sigue.

Cuando pase por[34] su casa
no le diga que me vite[35]:
camina, caminante,
sigue.

---

[29] Ed. 1930: "bengan"
[30] Ed. 1930: "be"
[31] Ed. 1930: aé, / bamo pa bé;
[32] Ed. 1930: "bengan"
[33] Los dos últimos versos son uno en la ed. 1930.
[34] Ed. 1930: "po"
[35] Ed. 1930: "bite; viste".

Camina y no te pare,
sigue[36]:
acuérdate[37] de que e mala,
¡sigue!

HAY QUE TENER VOLUNTÁ[38]

Mira si tú me conoce[39],
que ya no tengo que hablar[40]:
cuando pongo un ojo así,
e que no hay na;
pero si lo pongo así,
tampoco hay na.

Empeña la plancha eléctrica[41],
que quiero sacar mi flú[42];
buca un real[43],

---

[36] Ed. 1930, en lugar de los versos 9-10 ("Camina y no te pare / sigue:") se leen estos cuatro:

Sigue y no te pare,
sigue:

no la mire si te llama,
sigue;

en la ed. 1931 la lección es similar a la anterior pero suprimiendo los dos últimos versos.
[37] Ed. 1930: "acueddate"
[38] En la ed. 1930 el título del poema es "Hay que tené boluntá".
[39] Ed. 1930: "conose"
[40] Ed. 1930: "hablá"
[41] Ed. 1930: "elétrica"
[42] En la ed. 1930 este verso dice:

pa podé sacá mi flú

flú: flux; DRAE, 2 Antillas, Colombia y México, terno, traje masculino completo; Corominas, s. v. flux, "en ciertos juegos la circunstancia de ser de un mismo palo todas las cartas de un jugador"...de ahí...el colombiano y cubano: flux, "terno de pantalón, chaleco y chaqueta de una misma tela".
[43] Ed. 1930: reá, igual que en el verso siguiente.

buca un real,
cómprate un paquete'vela
porque[44] a la noche no hay lu.

¡Hay que tener voluntá[45],
que la salasión[46] no e
pa toa la vida![47]

Camina y no llore, negra,
vé p'allá;
camina, negra, y no llore,
vén p'acá[48];
camina, negra, camina,
¡que hay que tener voluntá![49]

BÚCATE PLATA

Búcate plata,
búcate plata,
porque[50] no doy un paso má;
etoy a arró con galleta,
na mà.

---

[44] Ed. 1930: "poqque".

[45] Ed. 1930: "Hay que tené boluntá",

[46] Salasión: salación de *salar*, DRAE, 5. Costa Rica y Puerto Rico. Desgraciar, echar a perder. COROMINAS D. CE., s. v. *sal, salarse*, "hacerse desgraciado para toda la vida", costarricense, cubano, de donde salazón. Mala suerte. Kany *(Sem. hisp.)* señala "la superstición de que trae mala suerte derramar la sal".

[47] Ed. 1930: "bida".

[48] En la ed. 1930, este verso y los tres anteriores dicen:
Camina, negra, y no yore,
be p'ayá;
camina y no yore, negra,
ben p'acá;

[49] Ed. 1930: ¡qué hay que tené boluntá!

[50] Ed. 1930: "poqque".

Yo bien sé cómo etá to,
pero viejo, hay que comer[51]:
búcate plata,
búcate plata,
porque me voy a correr[52].

Depué dirán que soy mala,
y no me querrán tratar[53],
pero amor con hambre, viejo[54],
¡qué va![55]
Con tanto zapato nuevo[56]
¡qué va!
Con tanto reló, compadre,
¡qué va!
Con tanto lujo, mi negro,
¡qué va!

MI CHIQUITA

La chiquita que yo tengo,
tan negra como e,
no la cambio por[57] ninguna,
por[58] ninguna otra mujer[59].

Ella lava[60], plancha, cose,
y sobre to, caballero[61],
¡cómo cocina![62]

---

[51] Ed. 1930: pero biejo, hay que comé:
[52] Ed. 1930: poqque me voy a corré; corré: correr: ir; aquí, implícitamente, irse con otro.
[53] Ed. 1930: y no me quedrán tratá.
[54] Ed. 1930: pero amó con hambre, biejo.
[55] Ed. 1930: ¡qué ba!; igual en todo el estribillo.
[56] Ed. 1930: Con tanto sapato nuebo,
[57] Ed. 1930: "po"
[58] *Íd.*
[59] Ed. 1930: "mujé"
[60] Ed. 1930: Ella laba; ed. 1931: eya laba
[61] Ed. 1931: "cabayero"
[62] Ed. 1930: "cosina".

Si la vienen a bucar[63],
pa bailar[64],
pa comer[65],
ella me tiene que llevar[66],
o traer[67].

Ella me dice[68]: mi santo,
tu negra no se te va[69]:
bucamé,
bucamé[70],
¡pa gozar![71]

TÚ NO SABE INGLÉ

Con tanto inglé que tú sabía,
Vito Manuel[72],
con tanto inglé, no sabe ahora
decir: ye[73].

La americana[74] te buca,
y tú le tiene que huir[75]:
tu inglé era detrái guan[76],
detrái guan y guan tu tri...

[63] Ed. 1930: Si la bienen a bucá
[64] Ed. 1930: "bailá"
[65] Ed. 1930: "comé"
[66] Ed. 1930: ella me tiene que llebá; ed. 1931: eya me tiene que llebá.
[67] Ed. 1930: "traé"
[68] Ed. 1930: Ella me dise, ed. 1931: Eya me dise.
[69] En la ed. 1930 este verso dice: tú no me puede dejá; en la de 1931, Tú negra no se te ba:
[70] En la ed. 1930 el estribillo se repite tres veces.
[71] Ed. 1930: pa gosá!
[72] Ed. 1930: Bito Manué; así en todo el poema.
[73] Ed. 1930: desí ye.
[74] Ed. 1930: La mericana.
[75] Ed. 1930: "huí"
[76] Ed. 1930: ...de etrái guan (así en el verso siguiente); ed. 1931: ...d'etrái guan (igual en el verso siguiente).

Vito Manuel, tú no sabe inglé,
tú no sabe inglé,
tú no sabe inglé.

No te namore más[77] nunca,
Vito Manué,
si no sabe inglé,
¡si no sabe inglé!

---

[77] Ed. 1930: "ma"

Sóngoro Cosongo

Aún reciente el revuelo provocado por la aparición de *Motivos de son*, y tomando como título el de uno de ellos (aquel que primitivamente se llamó "Si tú supiera"), apareció en octubre de 1931, el segundo libro de Guillén: *Sóngoro Cosongo*, publicado en La Habana, por Úcar García y Cia. La edición constaba apenas de trescientos ejemplares y estaba costeada por el propio autor, que invirtió en ella parte de un premio de la Lotería ganado en mayo de ese año.

El título completo de la obra, *Sóngoro Cosongo. Poemas mulatos*, establecía claramente, por vez primera, la posición que, sobre su patria y su poesía, habría de distinguir a Guillén. Un *Prólogo* subrayaba más aún este pensamiento:

> Diré finalmente que éstos son unos versos mulatos. Participan acaso de los mismos elementos que entran en la composición étnica de Cuba... Y las dos razas que en la Isla salen a flor de agua, distantes en lo que se ve, se tienden un garfio submarino, como esos puentes hondos que unen en secreto dos continentes. Por lo pronto, el espíritu de Cuba es mestizo. Y del espíritu hacia la piel nos vendrá el color definitivo. Algún día se dirá: "color cubano". Estos poemas quieren adelantar ese día.

Los quince poemas que integraban el volumen (a los que se agregaban los once sones publicados con anterioridad; vid. *Nota introductoria* a *Motivos de son)* establecían muchos de los motivos fundamentales en la lírica posterior del cubano (como sucede, por ejemplo, en el breve texto titulado "Caña") y fijaban además, poderosamente, una de sus características más notorias: la conciencia acerca de la función de la poesía y la creencia en la efectividad de ella. El estribillo de "La canción del bongó" ("Aquí el que más fino sea, / responde, si llamo yo") sintetiza aquella concepción sobre el mestizaje de la isla y la asumida tarea poética que Guillén comenzaba a realizar.

LA CANCIÓN DEL BONGÓ[1]

Esta es la canción del bongó:

—Aquí el que más fino sea,
responde, si llamo yo[2].
Unos dicen: *ahora mismo*,
otros dicen: *allá voy*.
Pero mi repique bronco,
pero mi profunda voz,
convoca al negro y al blanco,
que bailan al mismo son,
cueripardos o almiprietos[3]
más de sangre que de sol,
pues quien por fuera no es noche,
por dentro ya oscureció.
Aquí el que más fino sea,
responde, si llamo yo.

---

[1] En 1931 "Canción del bongó". Bongó es un "instrumento de percusión de origen africano que consiste en dos pequeños tambores hechos de unos troncos huecos. El parche es de piel de chivo bien tirante."

[2] La importancia del estribillo en la obra de Guillén es bien conocida. Primera visión del motivo constelar del poema, con él se señala también, a menudo, la perspectiva y el temple de ánimo desde el cual se canta. En este poema en particular el estribillo adquiere singular relevancia en cuanto inaugura el "mulatismo" que, de aquí en adelante nutrirá la poética guillenesca (vid. *Nota introductoria*).

[3] Esto es, de piel o alma negra.

En esta tierra, mulata
de africano y español
(Santa Bárbara de un lado,
del otro lado, Changó)[4]
siempre falta algún abuelo,
cuando no sobra algún Don,
y hay títulos de Castilla
con parientes de Bondó[5]:
vale más callarse, amigos,
y no menear la cuestión,
porque venimos de lejos,
y andamos de dos en dos.
Aquí el que más fino sea,
responde, si llamo yo.

Habrá quien llegue a insultarme,
pero no de corazón;
habrá quien me escupa en público,
cuando a solas me besó...
A ése, le digo:
　　　　—Compadre,
ya me pedirás perdón,
ya comerás de mi ajiaco[6],
ya me darás la razón,
ya me golpearás el cuero,
ya bailarás a mi voz,

---

[4] Changó: en la mitología, lucumí, Dios del rayo; el sincretismo
religioso cubano con que los esclavos negros disimulaban sus ceremo-
nias paganas, le adoraba bajo la advocación de Santa Bárbara: en el
santoral católico, patrona de los artilleros.

[5] Bondó: Así en todas las ediciones. Quizás por "Bondu", región
de la colonia francesa de Senegal.

[6] Ajiaco, probablemente del taíno ají; el DRAE, dice: "Especie de
olla podrida usada en América, que se hace de legumbre y carne en pe-
dazos pequeños y se sazona con ají", pero por extensión significa
también estofado sin ají, como el ajiaco cubano de carne, maíz tierno
y plátano.

78

ya pasearemos del brazo,
ya estarás donde yo estoy:
ya vendrás de abajo arriba,
¡que aquí el más alto soy yo!

MADRIGAL[7]

Tu vientre sabe más que tu cabeza
y tanto como tus muslos.
Esa
es la fuerte gracia negra
de tu cuerpo desnudo.

Signo de selva el tuyo,
con tus collares rojos,
tus brazaletes de oro curvo,
y ese caimán oscuro
nadando en el Zambeze[8] de tus ojos.

CANTO NEGRO[9]

¡Yambambó, yambambé!
Repica el congo solongo[10],
repica el negro bien negro;
congo solongo del Songo,
baila yambó sobre un pie.

---

[7] En la edición 1931 este "Madrigal" no figuraba. Apareció por primera vez en la edición de *El son entero* (1947) antecediendo a otro que no recoge esta antología.

[8] Zambeze: río del Sur de África de alrededor de 1.260 kms. de longitud.

[9] Aparecido por primera vez en el *Diario de La Marina*, el 10 de agosto de 1930, con el título de "Yambambó (canto negro)".

[10] Congo: Una de las "naciones" (en Cuba llamadas "cabildos") que agrupaban a los oriundos de un mismo país africano (cumpliendo, a la vez, una función divisionista que favorecía la explotación de los blancos y de preservación o transmisión de la civilización africana en América). Solongo se asemeja, por otra parte, a un baile de las sectas bantúes en Haití: Solongo, que es a su vez, el nombre de una tribu

Mamatomba,
serembe cuserembá.

El negro canta y se ajuma[11],
el negro se ajuma y canta,
el negro canta y se va.

Acuememe serembó
aé;
yambó,
aé.

Tamba, tamba, tamba, tamba,
tamba del negro que tumba;
tumba del negro, caramba,
caramba, que el negro tumba:
¡yamba, yambó, yambambé!

CHÉVERE[12]

Chévere del navajazo,
se vuelve él mismo navaja:
pica tajadas de luna,
mas la luna se le acaba;
pica tajadas de canto,
mas el canto se le acaba;
pica tajadas de sombra,
mas la sombra se le acaba,
y entonces pica que pica
carne de su negra mala.

---

de Angola. Pero aquí, estas palabras (en rigor, casi todo el poema)
tienen un valor jitanjafórico.

[11] ajuma: juma, de jumarse, DRAE, vulg. Embriagarse, emborra-
charse. U. m. en América.

[12] Publicado por primera vez en *El Mundo*, el 29 de marzo de 1931.
Chévere: en Colombia, México y Antillas, término con que se pon-
dera la excelencia de algo. En Cuba se le dice al individuo "elegante",
"guapo", "bravucón"; otros vocabularios lo definen como "penden-
ciero", "figurín".

VELORIO DE PAPÁ MONTERO[13]

Quemaste la madrugada
con fuego de tu guitarra:
zumo de caña en la jícara
de tu carne prieta y viva,
bajo luna muerta y blanca.

El son te salió redondo
y mulato, como un níspero.

Bebedor de trago largo,
garguero de hoja de lata,
en mar de ron barco suelto,
jinete de la cumbancha[14]:
¡qué vas a hacer con la noche,
si ya no podrás tomártela,
ni qué vena te dará
la sangre que te hace falta,
si se te fue por el caño
negro de la puñalada!

¡Ahora sí que te rompieron,
Papá Montero!

En el solar te esperaban,
pero te trajeron muerto;
fue bronca de jaladera[15],

---

[13] Poema dedicado, en la edición 1931, a Vicente Martínez, gran amigo de Guillén. Como aclara Ángel Augier en la edición de la *Obra poética* de nuestro autor (vid. *Bibliografía*), «Esta composición es la glosa poética de un son muy popular de la época, "Papá Montero", obra del compositor Eliseo Grenet para cierta pieza del teatro vernáculo, especie de burla fúnebre a propósito de la muerte de un personaje imaginario del ambiente rumbero, cuyo duelo despedíase en su propia salsa jacarandosa».

[14] cumbancha: fiesta.

[15] jaladera: borrachera.

pero te trajeron muerto;
dicen que él era tu ecobio[16],
pero te trajeron muerto;
el hierro no apareció,
pero te trajeron muerto.

Ya se acabó Baldomero:
¡zumba[17], canalla y rumbero!

Sólo dos velas están
quemando un poco de sombra;
para tu pequeña muerte
con esas dos velas sobra.
Y aun te alumbran, más que velas,
la camisa colorada
que iluminó tus canciones,
la prieta sal de tus sones,
y tu melena planchada.

¡Ahora sí que te rompieron,
Papá Montero!

Hoy amaneció la luna
en el patio de mi casa;
de filo cayó en la tierra,
y allí se quedó clavada.
Los muchachos la cogieron
para lavarle la cara,
y yo la traje esta noche,
y te la puse de almohada.

---

[16] ecobio: amigo
[17] zumba: probablemente de *zumbar*: irse con presteza.

ORGANILLO[18]

El sol a plomo. Un hombre
va al pie del organillo.
Manigueta: "Epabílate, mi conga,
mi conga..."[19]

Ni un cobre[20] en los bolsillos,
y la conga
muerta en el organillo.

QUIRINO

¡Quirino
con su tres![21]

La bemba[22] grande, la pasa dura,
sueltos los pies;
y una mulata que se derrite de sabrosura...
¡Quirino
con su tres!

Luna redonda que lo vigila cuando regresa
dando traspiés;

---

[18] Publicado originalmente en *Diario de la Marina*, el 27 de junio
de 1930.

[19] En la ed. 1931, la disposición de los dos últimos versos de esta
estrofa era:

Manigueta: "Epabílate,
mi conga, mi conga."

En las Antillas y América Meridional, "manigueta" o "vitrola de ma-
nigueta" es el organillo.

[20] cobre: En 1930 "ni un quilo"; así también en *Obra poética*, ed. cit.;
en la ed. 1931: "ni un kilo". Kilo es la denominación popular del
centavo cubano; cobre hace referencia, en diversos lugares de América,
a las monedas de escaso valor.

[21] tres: instrumento de cuerdas así denominado por tener tres.

[22] bemba: boca. Vid. *Motivos de son*, nota 4.

jipi[23] en la chola[24], camisa fresa.
¡Quirino
con su tres!

Tibia accesoria para la cita;
la madre —negra Paula Valdés—
suda, envejece, busca la frita...
¡Quirino
con su tres!

CAÑA[25]

El negro
junto al cañaveral.

El yanqui
sobre el cañaveral.

La tierra
bajo el cañaveral.

¡Sangre
que se nos va!

---

[23] jipi, DRAE, m. fam. sombrero de jipijapa.
[24] chola: DRAE, f. fam. *cholla:* fam. *cabeza*, parte del cuerpo.
[25] Publicado originalmente el 27 de junio de 1930 en el *Diario de la Marina.*

SECUESTRO DE LA MUJER DE ANTONIO[26]

Te voy a beber de un trago,
como una copa de ron;
te voy a echar en la copa
de un son,
prieta, quemada en ti misma,
cintura de mi canción.

Záfate tu chal de espumas
para que torees la rumba;
y si Antonio se disgusta
que se corra por ahí:
¡la mujer de Antonio tiene
que bailar aquí!

Desamárrate, Gabriela.
Muerde
la cáscara verde,
pero no apagues la vela;
tranca
la pájara blanca,
y vengan de dos en dos,
que el bongó
se calentó...

De aquí no te irás, mulata,
ni al mercado ni a tu casa;
aquí molerán tus ancas
la zafra de tu sudor:
repique, pique, repique,
repique, repique, pique,
pique, repique, repique,
¡po!

---

[26] Publicado originalmente el 28 de septiembre de 1930 en el *Diario de la Marina*; este poema se inspiró, según informa A. Augier en un son popular en la época "La mujer de Antonio" de Miguel Matamoros.

Semillas las de tus ojos
darán sus frutos espesos;
y si viene Antonio luego
que ni en jarana pregunte
cómo es que tú estás aquí...

Mulata, mora, morena,
que ni el más toro se mueva,
porque el que más toro sea
saldrá caminando así;
el mismo Antonio, si llega,
saldrá caminando así;
todo el que no esté conforme,
saldrá caminando así...
Repique, repique, pique,
repique, repique, po;
¡prieta, quemada en ti misma,
cintura de mi canción!

PREGÓN[27]

¡Ah,
qué pedazo de sol,
carne de mango!
Melones de agua,
plátanos.

¡Quencúyere, quencúyere,
quencuyeré!
¡Quencúyere, que la casera
salga otra vez!

---

[27] En las Antillas, y especialmente en Cuba, los vendedores ambulantes, especialmente los de frutas, pregonaban sus productos con una tonada especial, que constituía, en ocasiones, una verdadera canción.

Sangre de mamey sin venas,
y yo que sin sangre estoy;
mamey p'al que quiera sangre,
que me voy.

Trigueña de carne amarga,
ven a ver mi carretón;
carretón de palmas verdes,
carretón;
carretón de cuatro ruedas,
carretón;
carretón de sol y tierra,
¡carretón!

WEST INDIES, LTD.

Publicado en 1934, en La Habana, por Úcar García y Cía., *West Indies, Ltd.* ("West Indies, en inglés. En castellano, / Las Antillas") estaba dividido en dos partes claramente diferenciadas. La primera era una colección de doce poemas ("Palabras en el trópico", "Sabás", "Nocturno en los muelles", "El abuelo", "Dos niños", "Madrigal", "Balada del güije", "Adivinanzas", "Maracas", "Caminando", "Balada de los dos abuelos", "Sensemayá") que en ediciones posteriores cambiarían de orden en la disposición interna del volumen, al tiempo que se les sumaban otras tres composiciones ("Calor", "Balada de Simón Caraballo", "Canción de los hombres perdidos"). La segunda parte, que daba título al volumen, presentaba asimismo una subdivisión: nueve partes distinguidas con números romanos (de las que posteriormente se suprimiría la V). En ediciones posteriores, a continuación de la "Lápida" que cerraba el libro ("Esto fue escrito por Nicolás Guillén, antillano / en el año de mil novecientos treinta y cuatro"), se agregó un breve poema más, "Guadalupe W. I.", escrito en 1938. Los quince poemas de la primera parte que hemos mencionado repiten de alguna manera los motivos y la entonación de la obra anterior del poeta, pero a un nivel todavía más elevado. Entre ellos se cuentan muchos de los textos más difundidos y conocidos de Guillén. *West Indies, Ltd.* (esto es, la segunda parte de la obra) muestra en cambio facetas inéditas de la lírica del cubano: se trata

89

de una combinación de estrofas tradicionales, empleadas en algunas de las divisiones, con otras en que el verso libre preanuncia la excepcional poesía de las *Elegías*, que el autor publicará años después. Un mérito mayor existe aún en *West Indies, Ltd.*, pues tanto en la primera como en la segunda parte subyace una especie de amplificación del ámbito poético cultivado hasta entonces por Guillén: se trata, en el primer caso, del empleo de formas poéticas ya presentes anteriormente en su obra, pero que alcanzan aquí importancia manifiesta (así, por ejemplo, el romance en "Balada de los dos abuelos" y "Balada del güije") y que, por su larga difusión en la poesía occidental, son, más que populares, universales; en el segundo caso, la amplificación podría decirse que es de orden geográfico, al reemplazar Cuba por las Antillas como materia de canto, pero también, humana y poética: marca la decidida vocación americana que distinguirá desde entonces la obra de Guillén.

BALADA DE LOS DOS ABUELOS

Sombras que sólo yo veo,
me escoltan mis dos abuelos.

Lanza con punta de hueso,
tambor de cuero y madera:
mi abuelo negro.
Gorguera en el cuello ancho,
gris armadura guerrera:
mi abuelo blanco[1].

África de selvas húmedas
y de gordos gongos sordos...
—¡Me muero!
(Dice mi abuelo negro.)
Aguaprieta de caimanes,
verdes mañanas de cocos...
—¡Me canso!
(Dice mi abuelo blanco.)
Oh velas de amargo viento,
galeón ardiendo en oro...
—¡Me muero!
(Dice mi abuelo negro.)
¡Oh costas de cuello virgen
engañadas de abalorios...
—¡Me canso!
(Dice mi abuelo blanco.)
¡Oh puro sol repujado,
preso en el aro del trópico;
oh luna redonda y limpia

---

[1] Los cuatro versos siguientes fueron suprimidos en algunas ediciones del poema, "inexplicablemente" según A. Augier. Aunque ignoramos las razones que motivaron esa supresión, es evidente que con ella se quiebra, de alguna manera, el riguroso paralelismo que distingue la primera parte del texto y le da sentido pleno.

sobre el sueño de los monos!
¡Qué de barcos, qué de barcos!
¡Qué de negros, qué de negros!
¡Qué largo fulgor de cañas!
¡Qué látigo el del negrero!
Piedra de llanto y de sangre,
venas y ojos entreabiertos,
y madrugadas vacías,
y atardeceres de ingenio,
y una gran voz, fuerte voz
despedazando el silencio.

¡Qué de barcos, qué de barcos,
qué de negros!
Sombras que sólo yo veo,
me escoltan mis dos abuelos.

Don Federico me grita,
y Taita Facundo calla;
los dos en la noche sueñan,
y andan, andan.
Yo los junto.
                    —¡Federico!
¡Facundo! Los dos se abrazan.
Los dos suspiran. Los dos
las fuertes cabezas alzan;
los dos del mismo tamaño,
bajo las estrellas altas;
los dos del mismo tamaño,
ansia negra y ansia blanca;
los dos del mismo tamaño,
gritan, sueñan, lloran, cantan.
Sueñan, lloran, cantan.
Lloran, cantan.
¡Cantan! [2]

_____

[2] Los tres versos finales eran sólo uno en la ed. 1934.
                    Cantan...Cantan...Cantan!
La nueva versión, es, sin duda, superior.

92

SENSEMAYÁ[5]

Canto para matar una culebra.

¡Mayombe-bombe-mayombé![6]
¡Mayombe-bombe-mayombé!
¡Mayombe-bombe-mayombé!

La culebra tiene los ojos de vidrio;
la culebra viene y se enreda en un palo;
con sus ojos de vidrio, en un palo,
con sus ojos de vidrio.
La culebra camina sin patas;
la culebra se esconde en la yerba;
caminando se esconde en la yerba,
caminando sin patas.

¡Mayombe-bombe-mayombé!
¡Mayombe-bombe-mayombé!
¡Mayombe-bombe-mayombé!

Tú le das con el hacha, y se muere:
¡dale ya!
¡No le des con el pie, que te muerde,
no le des con el pie, que se va!

Sensemayá, la culebra,
sensemayá.
Sensemayá, con sus ojos
sensemayá.

---

[5] Con este poema concluía la edición original de *West Indies Ltd.*:
su título es una jitanjáfora de resonancias africanas (vid. *Introducción*).

[6] Mayombe y mayombé, aunque usados aquí también como jitan-
jáforas remiten en otro nivel a la secta Mayombé, del sistema yomba,
cuyos ritos evolucionaron en Cuba hacia la brujería.

Sensemayá, con su lengua,
sensemayá.
Sensemayá, con su boca,
sensemayá...

La culebra muerta no puede comer;
la culebra muerta no puede silbar;
no puede caminar,
no puede correr.
La culebra muerta no puede mirar;
la culebra muerta no puede beber;
no puede respirar,
¡no puede morder!

EL ABUELO

Esta mujer angélica de ojos septentrionales,
que vive atenta al ritmo de su sangre europea,
ignora que en lo hondo de ese ritmo golpea
un negro el parche duro de roncos atabales.

Bajo la línea escueta de su nariz aguda,
la boca, en fino trazo, traza una raya breve,
y no hay cuervo que manche la geografía de nieve[7]
de su carne, que fulge temblorosa y desnuda.

¡Ah mi señora! Mírate las venas misteriosas;
boga en el agua viva que allá dentro te fluye,
y ve pasando lirios, nelumbios[8], lotos, rosas;
que ya verás inquieta junto a la fresca orilla
la dulce sombra oscura del abuelo que huye,
el que rizó por siempre tu cabeza amarilla.

---

[7] En la edición de la *Obra poética* de Guillén ya citada este verso dice:
y no hay cuervo que manche la solitaria nieve
[8] DRAE (del singalés nelumbu), m. Planta ninfeácea, de flores
blancas o amarillas y de hojas aovadas.

CAMINANDO

Caminando, caminando,
¡caminando!

Voy sin rumbo caminando,
caminando;
voy sin plata caminando,
caminando;
voy muy triste caminando,
¡caminando!

Está lejos quien me busca[9],
caminando;
quien me espera está más lejos[10],
caminando;
y ya empeñé mi guitarra,
¡caminando!

Ay,
las piernas se ponen duras,
caminando;
los ojos ven desde lejos,
caminando;
la mano agarra y no suelta,
¡caminando!

Al que yo coja y lo apriete,
caminando,
ése la paga por todos,
caminando;
a ése le parto el pescuezo,
caminando,
y aunque me pida perdón,

---

[9] Ed. 1934: Está lejos quien me espera.
[10] Ed. 1934: quien me busca está más lejos,

me lo como y me lo bebo,
me lo bebo y me lo como,
caminando,
caminando,
¡caminando!

BALADA DE SIMÓN CARABALLO[11]

Canta Simón:
—¡Ay, yo tuve una casita
y una mujer!
Yo,
negro Simón Caraballo,
y hoy no tengo qué comer.
La mujer murió de parto,
la casa se m'enredó:
yo,
negro Simón Caraballo,
ni toco, ni bebo, ni bailo,
ni casi sé ya quién soy.
Yo,
negro Simón Caraballo,
ahora duermo en un portal;
mi almohada está en un ladrillo,
mi cama en el suelo está.

La sarna me come en vida,
el reuma me amarra el pie;
luna fría por la noche,
madrugada sin café.
¡No sé qué hacer con mis brazos
pero encontraré qué hacer:
yo,

---

[11] En la ed. 1934 no figuraba este poema.

negro Simón Caraballo,
tengo los puños cerrados,
tengo los puños cerrados,
¡y necesito comer!
—¡Simón, que allá viene el guardia
con su caballo de espadas!
(Simón se queda callado).
—¡Simón, que allá viene el guardia
con sus espuelas de lata!
(Simón se queda callado).
—¡Simón, que allá viene el guardia
con su palo y su revólver,
y con el odio en la cara,
porque ya te oyó cantar
y te va a dar por la espalda,
cantador de sones viejos,
marido de tu guitarra...!
(Simón se queda callado).

Llega un guardia de bigotes,
serio y grande, grande y serio,
jinete en un penco al trote.
—¡Simón Caraballo, preso!

(Pero Simón no responde
porque Simón está muerto.)

WEST INDIES LTD.[12]

1

West Indies! Nueces de coco, tabaco y aguardiente

Éste es un oscuro pueblo sonriente[13],
conservador y liberal,
ganadero y azucarero,
donde a veces corre mucho dinero,
pero donde siempre se vive muy mal*.
El sol achicharra aquí todas las cosas,
desde el cerebro hasta las rosas.
Bajo el relampagueante traje de dril
andamos todavía con taparrabos;
gente sencilla y tierna, descendiente de esclavos[14]
y de aquella chusma incivil[15],
de variadísima calaña,
que en el nombre de España
cedió Colón a Indias con ademán gentil.

Aquí hay blancos y negros y chinos y mulatos.
Desde luego, se trata de colores baratos,
pues a través de tratos y contratos
se han corrido los tintes y no hay un tono estable.
(El que piense otra cosa que avance un paso y hable.)

---

[12] Este largo poema, cuyo título es una ironía y una jitanjáfora, es importante en el desarrollo de la poesía de Guillén (vid. *Nota introductoria*). Hemos seleccionado dos de sus ocho partes, eligiendo aquellas que, a nuestro juicio, representan mejor los dos "modos" que se alternan en la obra.

[13] Ed. 1934: Este es un oscuro pueblo impotente.

* Cierto que éste es un pueblo manso todavía... - No obstante, cualquier día - alza de un golpe la cerviz; - rompe por donde quiera con sus calludas manos - y hace como esos árboles urbanos - que arrancan toda una acera con una sola raíz. [*N. del A.*]

[14] Ed. 1934: Este es un pueblo descendiente de esclavos.

[15] Entre este verso y el siguiente, en la ed. 1934, existía otro, suprimido en versiones posteriores:
de aventureros agresivos y bravos.

Hay aquí todo eso, y hay partidos políticos,
y oradores que dicen: "En estos momentos críticos..."
Han bancos y banqueros,
legisladores y bolsistas,
abogados y periodistas,
médicos y porteros.

¿Qué nos puede faltar?
Y aun lo que nos faltare lo mandaríamos buscar.
¡West Indies! Nueces de coco, tabaco y aguardiente.
Éste es un oscuro pueblo sonriente[16].

¡Ah, tierra insular!
¡Ah, tierra estrecha!
¿No es cierto que parece hecha
sólo para poner un palmar?
Tierra en la ruta del "Orinoco",
o de otro barco excursionista,
repleto de gente sin un artista
y sin un loco;
puertos donde el que regresa de Tahití,
de Afganistán o de Seúl,
viene a comerse el cielo azul,
regándolo con Bacardí;
puertos que hablan un inglés
que empieza en yes y acaba en yes.
(Inglés de ciceronis en cuatro pies.)
¡West Indies! Nueces de coco, tabaco y aguardiente.
Éste es un oscuro pueblo sonriente.

Me río de ti, noble de las Antillas,
mono que andas saltando de mata en mata,
payaso que sudas por no meter la pata,
y siempre la metes hasta las rodillas.
Me río de ti, blanco de verdes venas

---

[16] Ed. 1934: Igual que en el 2.º verso.

—¡bien se te ven aunque ocultarlas procuras!—,
me río de ti porque hablas de aristocracias puras,
de ingenios florecientes y arcas llenas,
¡Me río de ti, negro imitamicos,
que abres los ojos ante el auto de los ricos,
y que te avergüenzas de mirarte el pellejo oscuro,
cuando tienes el puño tan duro!
Me río de todos: del policía y del borracho,
del padre y de su muchacho,
del Presidente y del bombero[17].
Me río de todos; me río del mundo entero[18].
Del mundo[19] entero que se emociona frente a cuatro
    peludos,
erguidos muy orondos detrás de sus chillones escudos,
como cuatro salvajes al pie de un cocotero.

WEST INDIES LTD.

5[20]

> Cinco minutos de interrupción. La charanga de
> Juan el Barbero toca un son.

—Para encontrar la butuba[21]
hay que trabajar caliente;
para encontrar la butuba
hay que trabajar caliente:
mejor que doblar el lomo,
tienes que doblar la frente.

---

[17] Ed. 1934: del alguacil y del bombero.
[18] Ed. 1934: Me río de todos; me río del pueblo entero.
[19] Ed. 1934: Del pueblo entero..., etc.
[20] La quinta parte de la edición original fue suprimida posteriormente; su texto puede consultarse en *Obra poética*, ed. cit., I, pág. 499 y ss. El poema que figura en esta antología con el número de orden 5, es el que en la ed. 1934 ocupaba el sexto lugar.
[21] butuba: comida.

De la caña sale azúcar,
azúcar para el café;
de la caña sale azúcar,
azúcar para el café:
lo que ella endulza, me sabe
como si le echara hiel.

No tengo donde vivir,
ni mujer a quien querer;
no tengo donde vivir,
ni mujer a quien querer:
todos los perros me ladran,
y nadie me dice usted.

Los hombres, cuando son hombres,
tienen que llevar cuchillo;
los hombres, cuando son hombres,
tienen que llevar cuchillo:
¡yo fui hombre, lo llevé,
y se me quedó en presidio!

Si me muriera ahora mismo,
si me muriera ahora mismo,
si me muriera ahora mismo, mi madre,
¡qué alegre me iba a poner!

¡Ay, yo te daré, te daré,
te daré, te daré,
ay, yo te daré
la libertad!

GUADALUPE W. I.[22]

Pointe-á-Pitre.

Los negros, trabajando
junto al vapor. Los árabes, vendiendo,
los franceses, paseando y descansando,
y el sol, ardiendo.

En el puerto se acuesta
el mar. El aire tuesta
las palmeras... Yo grito: ¡Guadalupe!, pero nadie con-
    testa.
Parte el vapor, arando
las aguas impasibles con espumoso estruendo.
Allá, quedan los negros trabajando,
los árabes vendiendo,
los franceses paseando y descansando,
¡y el sol, ardiendo!

---

[22] Este poema no figura en la ed. 1934. Escrito por Guillén en 1938, se incorpora a *West Indies Ltd.*, en la edición de *El son entero* de 1947. Está fechado en Pointe-á-Pitre, puerto de la isla de Guadalupe, en las antiguas Antillas Francesas.

Cantos para soldados
y sones para turistas

Publicado en México, a mediados de mayo de 1937, *Cantos para soldados y sones para turistas* incluía originalmente veinte poemas (trece cantos, la "Presentación de José Ramón Cantaliso", y cinco sones) cuyo orden variaría en ediciones posteriores. Guillén había viajado a México en enero del 37 para participar en el Congreso de Escritores y Artistas convocado por la Liga de Escritores y Artistas Revolucionarios (LEAR) de ese país. La mayor parte de los textos reunidos en el libro habían sido, según A. Augier, escritos en Cuba con anterioridad al viaje.

Dos partes, claramente indicadas en el título, componían la nueva obra: los *Cantos para soldados* (en la edición original: "Soldado aprende a tirar...", "No sé por qué piensas tú...", "Soldado muerto", "Soldado libre", "Riesgo y ventura de dos soldados", "Diana", "Canción", "Balada del policía y el soldado", "Fusilamiento", "Soldado así no he de ser", "Soldados en Abisinia", "Yanqui con soldado", "Elegía a un soldado vivo") y los *Sones para turistas* (en la edición citada: "Presentación de José Ramón Cantaliso", "Cantaliso en un bar", "Visita a un solar", "Dale con la mocha!", "Caminando", "Son del deshaucio"). En ediciones posteriores se suprimió algún poema ("Riesgo y ventura de dos soldados" en *El son entero*, vid, *Bibliografía;* "Dale con la mocha!" en todas, y "Caminando", que había aparecido ya en *West Indies Ltd.*, y volvió a esa obra) y se introdujeron algunas variantes. En la presente antología se sigue el orden adoptado en *El son entero* (1947).

La edición de 1937 tenía portada de Juan Marinello, "Hazaña y triunfo americanos de Nicolás Guillén", en que se daba cuenta de la importancia del nuevo libro:

> Ha llegado para Nicolás Guillén —decía Marinello en esa ocasión— un instante crucial en su vida de artista y de hombre. Tiene la palabra que piden su tierra y su tiempo, teñida de los jugos vitales de África y de España y estremecida de viejos rencores y de esperanzas nuevas; la lucha larga y terca de su isla contra los poderosos que la desangran, tanto como el conocimiento cercano de las opresiones más crueles, le piden una postura combativa y enérgica, le piden un servicio liberador por la vía de su arte. La depuración de sus calidades, de sus actitudes, es la transformación consciente de su estilo. Hay que dar ahora un acento en que nada se pierda, en que estén presentes y ostensibles los valores activos de sus dos sangres, es decir, de sus dos pueblos.

añadiendo:

> Pero habíamos dicho que Nicolás Guillén nos importaba en definitiva por ser un hecho americano. Ahora decimos que es, además, una fe americana. Veamos por qué. Mil veces hemos pedido una literatura nacida de nuestra más profunda realidad, pero no desentendida de su estirpe europea ni del aporte esclarecedor de lo universal. Voz y conflicto nuestros, cultura de raíz, información perfecta e inquietud sin fronteras, sería quizá la fórmula... El verso de Guillén cumple ese deseo, es parte de nuestra carne porque encontramos en él nuestro ayer, nuestro presente y nuestro mañana. Este verso, esta rara y ajustada expresión, es un hecho americano del más amplio significado porque es un triunfo definitivo del mestizaje antillano.

106

Las distinciones que señalaba Marinello eran efectivas: pero su constatación se efectuaba no a través de una presencia, sino, tal vez, de una ausencia. La integración del mestizaje antillano en la vida total de las Antillas, de América, había sido tan completa, tan perfectamente asumida por Guillén que ya, a partir de este libro "no era empresa fácil separar las esencias" que formaban tal mestizaje. La poesía de Guillén era ya poesía de todo el Nuevo Mundo, esa denominación que, como ha advertido alguien, es una esperanza. Poesía, en suma, universal.

SOLDADO, APRENDE A TIRAR...

Soldado, aprende a tirar:
tú no me vayas a herir,
que hay mucho que caminar.
¡Desde abajo has de tirar,
si no me quieres herir!

Abajo estoy yo contigo,
soldado amigo.
Abajo, codo con codo,
sobre el lodo.

Para abajo, no,
que allí estoy yo.

Soldado, aprende a tirar:
tú no me vayas a herir,
que hay mucho que caminar.

NO SÉ POR QUÉ PIENSAS TÚ

No sé por qué piensas tú,
soldado, que te odio yo,
si somos la misma cosa
yo,
tú.

Tú eres pobre, lo soy yo;
soy de abajo, lo eres tú:
¿de dónde has sacado tú,
soldado, que te odio yo?

Me duele que a veces tú
te olvides de quién soy yo;
caramba, si yo soy tú,
lo mismo que tú eres yo.

Pero no por eso yo
he de malquererte, tú;
si somos la misma cosa,
yo,
tú,
no sé por qué piensas tú,
soldado, que te odio yo.

Ya nos veremos yo y tú,
juntos en la misma calle,
hombro con hombro, tú y yo,
sin odios ni yo ni tú,
pero sabiendo tú y yo,
a dónde vamos yo y tú...
¡No sé por qué piensas tú,
soldado, que te odio yo!

YANQUI CON SOLDADO

Grave, junto a la puerta del yanqui diplomático,
vela un soldado el sueño de quien mi ensueño ahoga;
ese cangrejo hervido, de pensamiento hepático,
dueño de mi esperanza, del palo y de la soga.

Allí, de piedra, inmóvil. Pero el fusil hierático,
cuando terco me acerco su rigidez deroga;

clávame su monóculo de cíclope automático;
me palpa, me sacude, me vuelca, me interroga.

¿Quién eres? ¿A quién buscas? Saco mi voz, y digo:
Uno a quien el que cuidas, pan y tierra suprime.
Ando en pos de un soldado que quiera ser mi amigo.

Ya sabrás algún día por qué tu padre gime,
y cómo el mismo brazo que ayer lo hizo mendigo,
engorda hoy con la joven sangre que a ti te exprime.

SOLDADO LIBRE

¡Ya no volveré al cuartel,
suelto por calles y plazas,
yo mismo, Pedro Cortés!

Yo mismo dueño de mí,
ya por fin libre de guardias,
de uniforme y de fusil.

Podré a mi pueblo correr,
y gritar, cuando me vean:
¡aquí está Pedro Cortés!

Podré trabajar al sol,
y en la tierra que me espera,
con mi arado labrador.

Ser hombre otra vez de paz,
cargar niños, besar frentes,
cantar, reir y saltar.

¡Ya no volveré al cuartel,
suelto por calles y plazas,
yo mismo, Pedro Cortés!

JOSÉ RAMÓN CANTALISO[1]

¡José Ramón Cantaliso,
canta liso[2]! Cantaliso
José Ramón.
Duro espinazo insumiso:
por eso es que canta liso
José Ramón Cantaliso,
José Ramón.

En bares, bachas, bachatas[3],
a los turistas a gatas,
y a los nativos también,
a todos, el son preciso
José Ramón Cantaliso
les canta liso, muy liso,
para que lo entiendan bien.

Voz de cancerosa entraña,
humo de solar y caña,
que es nube prieta después:
Son de guitarra madura,
cuya cuerda ronca y dura
no se enreda en la cintura,
ni prende fuego en los pies[4].

---

[1] El título en la ed. 1937 era "Presentación de José Ramón Cantaliso".

[2] liso, DRAE, adj. Igual, sin tropiezo ni aspereza; *sin adornos*, sin realces (el subrayado es mío).

[3] bacha, bachatas. Vid. n. 27 a *Motivos de son*.

[4] Ángel Augier, en la ed. cit. de *Obra poética* informa:
En la edición definitiva fue suprimida la cuarta estrofa de la lección de 1937:

> Otros con lengua chillona,
> contarán "La Chambelona",
> pero no José Ramón.
> José Ramón no es santero,
> ni hace de Papá Montero,
> ni pregona "El Manisero",
> ni está borracho de ron.

Él sabe que no hay trabajo,
que el pobre se pudre abajo,
y que tras tanto luchar,
el que no perdió el resuello,
o tiene en la frente un sello,
o está con el agua al cuello,
sin poderlo remediar.

Por eso de fiesta en fiesta,
con su guitarra protesta,
que es su corazón también,
y a todos el son preciso,
José Ramón Cantaliso
les canta liso, muy liso,
para que lo entiendan bien.

I. CANTALISO EN UN BAR

(Los turistas en el bar:
Cantaliso, su guitarra,
y un son que comienza a andar.)

—No me paguen porque cante
lo que no les cantaré:
ahora tendrán que escucharme
todo lo que antes callé.
¿Quién los llamó?
Gasten su plata,
beban su alcol,
cómprense un güiro[5],
pero a mí no,
pero a mí no,
pero a mí no.

---

[5] güiro: maracas.

Todos estos yanquis rojos
son hijos de un camarón,
y los parió una botella,
una botella de ron.
¿Quién los llamó?
Ustedes viven,
me muero yo,
comen y beben,
pero yo no,
pero yo no,
pero yo no.

Aunque soy un pobre negro,
sé que el mundo no anda bien;
¡ay, yo conozco a un mecánico
que lo puede componer!
¿Quién los llamó?
Cuando regresen
a Nueva York,
mándenme pobres
como soy yo,
como soy yo,
como soy yo.

A ellos les daré la mano,
y con ellos cantaré,
porque el canto que ellos saben
es el mismo que yo sé.

II. VISITA A UN SOLAR

(Turistas en un solar.
Canta Cantaliso un son
que no se puede bailar.)

—Mejor que en hotel de lujo,
quédense en este solar;

aquí encontrarán de sobra
lo que allá no han de encontrar.
Voy a presentar, señores,
a Juan Cocinero:
tiene una mesa, tiene una silla,
tiene una silla, tiene una mesa,
y un reverbero[6].
El reverbero está sin candela[7],
muy disgustado con la cazuela.
¡Verán qué alegre, qué placentero,
qué alimentado, qué complacido
pasa la vida Juan Cocinero!

Interrumpe Juan Cocinero:
—¡Con lo que un turista traga
nada más que en aguardiente
cualquiera un cuarto se paga![8]

Sigue el son:
—... Y éste es Luis, el caramelero;
y éste es Carlos, el isleño;
y aquel negro
se llama Pedro Martínez,
y aquel otro
Norberto Soto,
y aquella negra de más allá,
Petra Sardá.
Todos viven en un cuarto,
seguramente

---

[6] Reverbero: DRAE. Argentina, Cuba, Ecuador y Honduras: Co-
cinilla, infiernillo.

[7] candela: DRAE. fam., lumbre; D. AUT., "Se llama también
(y se usa mucho en Andalucía y otras partes) la misma brasa de la
lumbre."

[8] En la ed. 1937 esta estrofa decía:
Con lo que un yanqui se tome
de una visita a la barra
to'un año cualquiera come!

porque resulta barato[9].
¡Qué gente,
qué gente tan consecuente!

Todos a coro:
¡Con lo que un turista traga
nada más que en aguardiente
cualquiera un cuarto se paga!

Sigue el son:
—Y la que tose, señores,
sobre esa cama,
se llama Juana:
tuberculosis en tercer grado,
por un resfriado[10]
muy mal curado.
La muy idiota pasaba el día
sin un bocado.
¡Qué tontería!
¡Tanta comida que se ha botado![11]

Todos a coro:
—¡Con lo que un yanqui ha gastado
no más que en comprar botellas
se hubiera Juana curado!

Termina el son:
—¡Turistas, quédense aquí,
que voy a hacerlos gozar;
turistas, quédense aquí,
que voy a hacerlos gozar,
cantándoles sones, sones,
que no se pueden bailar!

---

[9] Ed. 1937: porque sale más barato.
[10] Ed. 1937: de un constipado.
[11] botado: DRAE, *botar:* arrojar o echar fuera.

III. SON DEL DESAHUCIO[12]

—El alquiler se cumplió:
te tienes que mudar;
ay, pero el problema es serio,
muy serio,
pero el problema es muy serio,
porque no hay con qué pagar[13].

Si encuentras cuarto vacío,
te tienes que mudar,
y si acaso no lo encuentras[14],
te tienes que mudar.
Si el dueño dice: "Lo siento",
te tienes que mudar;
pero si no dice nada,
te tienes que mudar.
Como quiera, como quiera,
te tienes que mudar;
con dinero, sin dinero,
te tienes que mudar;
donde sea, como sea,
te tienes que mudar,
te tienes que mudar,
¡te tienes que mudar!

---

[12] Este poema ocupaba el V lugar en la ed. 1937; pero el que iba
en III: "Dale con la mocha" fue suprimido en ediciones posteriores
(su texto puede consultarse en *Obra poética*, ed. cit., I, págs. 513-514) y
el IV, "Caminando" había aparecido ya en *West Indies Ltd*. Así, este
"Son del desahucio" es el tercero de los *Sones para turistas* en las edi-
ciones definitivas.

[13] En la ed. 1937 esta estrofa decía:
> Ya el alquiler se venció;
> ya te tienes que mudar;
> pero la cosa es muy seria,
> muy seria,
> porque no hay con que pagar.

[14] Ed. 1937: pero si es que no lo encuentras.

Calma, mi compadre, calma,
vamos los dos a cantar,
que llegue el casero ahora,
él nos podrá acompañar[15].
—¡Escuche, amigo casero,
ayer me citó el Juzgado,
y dije que no he pagado[16]
porque no tengo dinero,
y estoy parado!
Yo no me voy a la calle,
porque la lluvia me moja;
venga usted, casero, y diga,
diga,
venga usted, casero, y diga,
diga,
si va a curarme el catarro,
si va a curarme el catarro,
después que el agua me coja.
Conozco hoteles vacíos[17]
y casas sin habitantes:
¿cómo voy a estar de pie,
con tantos puestos vacantes?[18]

---

[15] Esta estrofa, en la ed. 1937, era así:
>   Ay,
>   calma, calma, calma, calma,
>   todo se puede arreglar;
>   ten un poco de paciencia,
>   no te dejes asustar.

[16] Los tres versos anteriores, en la ed. 1937 decían:
>   Tú le dices al casero,
>   cuando te cite al Juzgado:
>   —Casero, yo no he pagado,

[17] Ed. 1937, Ay, / conozco hoteles vacíos.

[18] Los dos últimos versos en la ed. 1937:
>   ¿por qué vas a estar de pie,
>   con tantos sitios vacantes?

A continuación, en la misma edición figuraban tres estrofas de cuatro versos suprimidas posteriormente; su texto puede consultarse en Guillén, *Obra poética*, ed. cit., I, 515-516.

Calma, mi compadre, calma,
vamos los dos a cantar;
que llegue el casero ahora,
él nos podrá acompañar[19].
¿Es que a usted lo achica el miedo?
No, señor;
a mí no me achica el miedo,
y aquí me quedo,
sí, señor,
y aquí me quedo,
sí, señor,
y aquí me quedo...

---

[19] Los cuatro versos anteriores en la ed. 1937 eran iguales a los que constan en la nota 15, supra.

España. Poema en cuatro angustias y una esperanza

Escrito en México, en mayo de 1937, *España. Poema en cuatro angustias y una esperanza* se publicaría dos veces en ese mismo año. La primera (que seguimos en la presente antología), en el propio México, antes de que el autor arribase a España, en donde asistiría al II Congreso Internacional de Escritores para la Defensa de la Cultura. La segunda, en Valencia, en agosto del año citado.

La importancia vital del tema de este poema para Guillén no es desconocida: veinticinco años después de escrito, en una entrevista en que se le interrogaba sobre "los acontecimientos que han influido" en él "con mayor fuerza, dando un sentido profundo a su vida", el poeta nombró, junto con otros tres, un hecho decisivo: la Guerra Civil Española.

ANGUSTIA CUARTA

FEDERICO

Toco a la puerta de un romance.
—¿No anda por aquí Federico?
Un papagayo me contesta:
—Ha salido.

Toco a una puerta de cristal.
—¿No anda por aquí Federico?
Viene una mano y me contesta[1]:
—Está en el río.

Toco a la puerta de un gitano.
—¿No anda por aquí Federico?
Nadie contesta[2], no habla nadie...
¡Federico! ¡Federico!

La casa oscura, vacía;
humedad en las paredes[3];
brocal de pozo sin cubo,
jardín de lagartos verdes.

---

[1] En la edición de *El son entero* (1947): Viene una mano, y me responde; en la ed. cit. de *Obra poética:* Viene una mano y me señala.
[2] En la ed. cit. de *Obra poética:* Nadie responde, ...
[3] *Ibíd.:* negro musgo en las paredes.

Sobre la tierra mullida
caracoles que se mueven,
y el rojo viento de julio
entre las ruinas, meciéndose.

¡Federico! ¡Federico! [4]
¿Dónde el gitano se muere?
¿Dónde sus ojos se enfrían?
¡Dónde estará, que no viene!
¡Federico! ¡Federico! [5]

(UNA CANCIÓN)

Salió el domingo, a las nueve [6] *;*
salió el domingo, de noche,
salió el domingo ¡y no vuelve!
Llevaba en la mano un lirio,
llevaba en los ojos fiebre;
el lirio se tornó sangre,
la sangre tornóse muerte.

(OTRA CANCIÓN) [7]

¡Dónde estará Federico,
donde estará, que no viene!
¡Federico! ¡Federico!
¡Dónde estará, que no viene!
¡Dónde estará, que no viene!

---

[4] Desde la ed. 1947: ¡Federico!
[5] Este verso no aparece en las ediciones posteriores.
[6] Verso suprimido desde la ed. 1947.
[7] Esta "Otra canción" no aparece ya en la ed. 1947.

(MOMENTO EN GARCÍA LORCA)

Soñaba Federico en nardo y cera,
y aceituna y clavel y luna fría.
Federico, Granada y Primavera.

En afilada soledad dormía,
al pie de sus ambiguos limoneros,
echado, musical, junto a la vía.

Alta la noche, ardiente de luceros,
arrastraba su cola transparente
por todos los caminos carreteros.

«¡Federico!», gritaron de repente,
con las manos inmóviles, atadas,
gitanos que pasaban lentamente.

¡Qué voz la de sus venas desangradas!
¡Qué ardor el de sus cuerpos ateridos!
¡Qué suaves sus pisadas, sus pisadas!

Iban verdes, recién anochecidos;
en el duro camino invertebrado
caminaban descalzos los sentidos.

Alzóse Federico, en luz bañado;
Federico, Granada y Primavera;
y con la luna y clavel y nardo y cera,
siguiólos[8] por el monte perfumado.

---

[8] En la ed. cit de *Obra poética:* Los siguió...

LA VOZ ESPERANZADA

UNA CANCIÓN ALEGRE
FLOTA EN LA LEJANÍA

Ardiendo, España, estás! Ardiendo
con largas uñas rojas encendidas;
a balas matricidas
pecho, bronce oponiendo,
y en ojos, boca, carne de traidores hundiendo
las rojas uñas largas encendidas.
Alta, de abajo vienes,
a raíces volcánicas sujeta;
lentos, azules cables con que tu voz sostienes,
tu voz de abajo, fuerte, de pastor y poeta.

Tus ráfagas, tus truenos, tus violentas
gargantas se aglomeran en la oreja del mundo;
con pétreo músculo violentas
el candado que cierra las cosechas del mundo.
Sales de ti; levantas
la voz, y te levantas
sangrienta, desangrada, enloquecida,
y sobre la extensión enloquecida
más pura te levantas, te levantas!

Viéndote estoy las venas
vaciarse, España, y siempre volver a quedar llenas;
tus heridos risueños;
tus muertos, sepultados en parcelas de sueños;
tus duros batallones,
hechos de cantineros, muleros y peones.

Yo,
hijo de América;
hijo de ti y de África;
esclavo ayer de mayorales blancos dueños de látigos san-
    grientos;

hoy, esclavo de rojos yanquis despreciativos y voraces[9];
yo, chapoteando en la oscura sangre en que se mojan
   mis Antillas;
ahogado en el humo agriverde de los cañaverales;
sepultado en el fango de las cárceles[10];
cercado día y noche por insaciables bayonetas;
perdido en las florestas ululantes de las islas crucifica-
   das en la cruz del Trópico;
yo, hijo de América,
corro hacia ti, muero por ti.

Yo, que amo la libertad con sencillez,
como se ama a un niño, al sol o al árbol plantado frente
   a nuestra casa;
que tengo la voz coronada de ásperas selvas milenarias,
y el corazón trepidante de tambores,
y los ojos perdidos en el horizonte,
y los dientes blancos, fuertes y sencillos para tronchar
   raíces
y morder ávidamente frutos elementales[11];
y los labios carnosos y ardorosos
para beber el agua de los ríos que me vieron nacer;
y húmedo el torso por el mismo sudor salado y fuerte[12]
de los jadeantes cargadores en los muelles,
los picapedreros en las carreteras,
los plantadores de café y los presos que trabajan deso-
   ladamente,

---

[9] En la edición española de 1937, este verso y el anterior decían:
   esclavo ayer de mayorales blancos dueños de látigos coléricos;
   hoy esclavo de rojos yanquis azucareros y voraces;

Así también en la ed. cit. de *Obra poética*.

[10] En la ed. cit. de *Obra poética*:
      sepultado en el fango de todas las cárceles;

[11] En la ed. cit. de *Obra poética*:
          y morder frutos elementales

[12] En la ed. española de 1937:
      "y húmedo el torso por el sudor salado y fuerte.

inútilmente en los presidios sólo porque han querido
    dejar de ser fantasmas;
yo os grito con grito de hombre libre que os acompañaré,
    camaradas;
que iré marcando el paso con vosotros,
simple y alegre,
puro, tranquilo y fuerte,
con mi cabeza crespa y mi pecho moreno[13],
para cambiar unidos las cintas trepidantes de vuestras
    ametralladoras,
y para arrastrarme, con el aliento suspendido,
allí, junto a vosotros,
allí, donde ahora estáis, donde estaremos,
fabricando bajo un cielo ardoroso agujereado por la
    metralla,
otra vida sencilla y ancha,
limpia, sencilla y ancha,
alta, limpia, sencilla y ancha,
sonora de nuestra voz inevitable!

Con vosotros, brazos conquistadores
ayer, y hoy ímpetu para desbaratar fronteras;
manos para agarrar estrellas resplandecientes y remotas;
para rasgar cielos estremecidos y profundos;
para unir en un mazo las islas del mar del Sur y las islas
    del mar Caribe;
para mezclar en una sola pasta hirviente la roca y el
    agua de todos los océanos;
para pasear en alto, dorada por el sol de todos los
    amaneceres,
para pasear en alto, alimentada por el sol de todos los
    meridianos;
para pasear en alto, goteando sangre del ecuador y de
    los polos;

[13] En la ed. cit. de *Obra poética:*

      con mi cabeza crespa y mi cuerpo moreno

para pasear en alto, como una lengua que no calla, que
   nunca callará,
para pasear en alto la bárbara, severa, roja, inmiseri-
corde, calurosa, tempestuosa, ruidosa,
para pasear en alto la llama niveladora y segadora de
   la Revolución!

¡Con vosotros, mulero, cantinero!
¡Contigo, sí, minero!
Con vosotros, andando,
disparando, matando.
¡Eh, mulero, minero, cantinero,
juntos aquí, cantando!

(UNA CANCIÓN, EN CORO)

Todos, el camino sabemos;
están los rifles engrasados;
están los brazos preparados:
marchemos!

Nada importa morirse al cabo,
pues morir no es tan gran suceso;
muchísimo peor que eso
es estar vivo y ser esclavo![14]

Hay quien muere sobre su lecho,
doce meses agonizando,
y otros hay que mueren cantando
con diez balazos sobre el pecho!

---

[14] En la ed. cit. de *Obra poética*, este verso y el anterior dicen:

¡malo es ser libre y estar preso,
malo estar libre y ser esclavo!

> *Todos, el camino sabemos;*
> *están los rifles engrasados;*
> *están los brazos avisados;*
> *marchemos!*

Así hemos de ir andando,
severamente andando, andando, envueltos en el día[15]
que nace. Nuestros recios zapatos, resonando,
dirán al bosque trémulo: "¡Es que el futuro pasa!"
Nos perderemos a lo lejos... Se borrará la oscura masa
de hombres, pero en el horizonte, todavía,
como en un sueño, se nos oirá la entera voz vibrando:

> *...El camino sabemos...*
> *...los rifles engrasados...*
> *...están los brazos avisados...*

Y la canción alegre flotará como una nube sobre la
roja lejanía.

---

[15] En la ed. cit. de *Obra poética:*
    severamente andando, envueltos en el día.

El son entero
Suma poética 1929-1946

El son entero. Suma Poética 1929-1946, era el nombre
con que editorial Pleamar, de Buenos Aires, presentaba,
en mayo de 1947, una recolección de la obra de Guillén
escrita entre las fechas indicadas por el título. Veinti-
cinco poemas nuevos (incluyendo "Poema con niños",
especie de sencilla pieza teatral) constituían el conjunto
inédito que daba nombre al volumen y cerraba sus pá-
ginas. Observemos, sin embargo, que de ese conjunto,
cinco poemas ("Guitarra", "Ébano Real", "Son Nú-
mero 6", "Turiguanó", "Cuando yo vine a este mundo")
habían sido publicados en *Sóngoro Cosongo y otros poe-
mas*, editado por Manuel Altolaguirre en La Habana,
1942, y vuelto a imprimir por la habanera editorial
Páginas al año siguiente.

El significado del subtítulo del volumen, *Suma Poé-
tica*, así como el hecho de presentar el conjunto de su
obra, parecía conjugarse, en el ánimo de Guillén, con la
intención de ofrecer, en los nuevos textos, una visión
coherente, cerrada, y probablemente final, de los temas y
la manera de poetizar que habían distinguido hasta el
momento su producción. Paradigma de esa posición
podría ser (junto a la Poética que encabezaba el con-
junto: "Guitarra", vid. *Introducción*) el segundo de los
nuevos poemas que se ofrecían al lector: "Mi patria es
dulce por fuera..."

131

Las diferentes ediciones de ese texto, y sus variantes, ya son iluminadoras (vid. nota 2 a *El son entero*). Al eliminar la división en cinco poemas (originalmente eran: el 1.º "Mi patria es dulce por fuera —con ser tan azul tu cielo"; el 2.º "Hoy yanqui, ayer española, —la tierra que nos tocó"; el 3.º "Un pájaro de madera —Sangre y llanto"; el 4.º "El hombre de tierra adentro —porque es la pura verdad"; el 5.º "La mano no se afloja —bien!") se convirtió en un poema poliestrófico en el cual, lo más significativo, en cuanto a la forma es la repetición alucinante de versos completos que se entrecruzan una y otra vez en el interior de cada estrofa, como efectiva reiteración de sus contenidos. Todo consiste en extremar el esquema métrico tomado del son cubano (vid. *Nota introductoria* a *Motivos de son)* en que un estribillo sirve de soporte rítmico a la composición. Son notables los cambios que experimentan, a lo largo del poema, tanto el temple de ánimo, como la actitud lírica que lo preside. En cambio, permanece constante el juego de oposiciones, en oportunidades paradojales, que se inician con los primeros versos. Estas oposiciones, que continúan hasta la sexta estrofa, señalan una especie de ley estructural del poema, cuyos términos podrían comprenderse bajo los signos de "apariencia y realidad"; tal ley no se quiebra hasta la estrofa final, inscrita sólo en la línea de la más ruda realidad y que, por ello, se muestra como respuesta a todo el resto de la composición.

El motivo estructural del poema, que le da unidad por encima de sus aparentes divisiones, es Cuba, entendida como situación significativa en la que existían una cantidad de fenómenos sociales, económicos, políticos, raciales, etc., que impresionaron al poeta fuerte y homogéneamente. Esos fenómenos no aparecían disgregados en la realidad; es justamente su separación, en el poema concreto, lo que mueve a extrañeza. Se trata a nuestro parecer de una deliberada búsqueda de lo didáctico.

Así, el motivo central se descompone en diversos rasgos a los cuales sirve de centro constelar. Cada rasgo concretiza un aspecto parcial del motivo. El mensaje del poema, en cambio, yace sólo en la última estrofa. El retrato de la tierra (en el que el tópico de la alabanza se cambia por el del vituperio), los rasgos sociales, raciales, etc., se entienden como dependientes, mejor dicho, integrantes de ese motivo central que es Cuba sentido como vivencia. El rasgo final del motivo, la rebelión, ingresa en el mismo orden.

"Mi patria es dulce por fuera..." es, efectivamente, una suerte de *suma* de la poética de Guillén hasta 1946; los temas que obsesionan al poeta, su posición frente a la vida, la visión de su patria, de América, están allí; también, un modo de poetizar que, llevado aquí a extrema sencillez pero también a sus máximas posibilidades, da cuenta del valor sin fronteras de su obra.

GUITARRA[1]

Tendida en la madrugada,
la firme guitarra espera:
voz de profunda madera
desesperada.

Su clamorosa cintura,
en la que el pueblo suspira,
preñada de son, estira
la carne dura.

Arde la guitarra sola,
mientras la luna se acaba;
arde libre de su esclava
bata de cola.

Dejó al borracho en su coche,
dejó el cabaret sombrío,
donde se muere de frío,
noche tras noche,
y alzó la cabeza fina,
universal y cubana,
sin opio, ni mariguana,
ni cocaína.

---

[1] Este poema, primero de la ed. 1942, constituye una de las artes poéticas (vid. *Introducción*) más notables de las escritas por Guillén. El motivo de la guitarra, tan importante en la obra del cubano, sirve aquí de emblema de su poesía.

¡Venga la guitarra vieja,
nueva otra vez al castigo
con que la espera el amigo,
que no la deja!

Alta siempre, no caída,
traiga su risa y su llanto,
clave las uñas de amianto
sobre la vida.

Cógela tú, guitarrero,
límpiale de alcol la boca,
y en esa guitarra, toca
tu son entero.

El son del querer maduro,
tu son entero;
el del abierto futuro,
tu son entero;
el del pie por sobre el muro,
tu son entero...

Cógela tú, guitarrero,
límpiale de alcol la boca,
y en esa guitarra, toca
tu son entero.

MI PATRIA ES DULCE POR FUERA...[2]

Mi patria es dulce por fuera,
y muy amarga por dentro;
mi patria es dulce por fuera,
con su verde primavera,

---

[2] Si *Guitarra* es un programa poético, el presente poema es una pequeña *suma* de la obra de Guillén hasta la fecha de su composición (cfr. *Nota introductoria*, supra). Concebido por Guillén, originalmente, como un conjunto articulado de "Sones", fue publicado con ese título en la *Revista Nacional de Cultura*, Caracas, n.º 50, pá-

con su verde primavera,
y un sol de hiel en el centro.

¡Qué cielo de azul callado
mira impasible tu duelo!
¡Qué cielo de azul callado,
ay, Cuba, el que Dios te ha dado,
ay, Cuba, el que Dios te ha dado,
con ser tan azul tu cielo!

Un pájaro de madera
me trajo en su pico el canto;
un pájaro de madera.
¡Ay, Cuba, si te dijera,
yo que te conozco tanto,
ay, Cuba, si te dijera,
que es de sangre tu palmera,
que es de sangre tu palmera,
y que tu mar es de llanto!
Bajo tu risa ligera,
yo que te conozco tanto,
miro la sangre y el llanto,
bajo tu risa ligera.
Sangre y llanto
bajo tu risa ligera;
sangre y llanto,
bajo tu risa ligera.
Sangre y llanto.

El hombre de tierra adentro
está en un hoyo metido,

_____

ginas 93-94, mayo-junio 1945; apareciendo allí cada son separado.
Con el mismo título y con los sones numerados apareció en la revista
Pueblo español, Buenos Aires, febrero 1947. En la ed. 1947 *(El son
entero)* desaparece la división interna explícita y el título se cambia
por el primer verso de la composición. Existe también algún cambio
en el orden de las estrofas y una desaparece (vid. infra, n. 4).

muerto sin haber nacido,
el hombre de tierra adentro.
Y el hombre de la ciudad,
ay, Cuba, es un pordiosero:
anda hambriento y sin dinero,
pidiendo por caridad,
aunque se ponga sombrero
y baile en la sociedad.
(Lo digo en mi son entero,
porque es la pura verdad.)

Hoy yanqui, ayer española,
sí, señor,
la tierra que nos tocó,
siempre el pobre la encontró
si hoy yanqui, ayer española,
¡cómo no!
¡Qué sola la tierra sola,
la tierra que nos tocó!

La mano que no se afloja
hay que estrecharla en seguida;
la mano que no se afloja,
china, negra, blanca o roja,
china, negra, blanca o roja,
con nuestra mano tendida.

Un marino americano,
bien,
en el restaurant del puerto,
bien,
un marino americano
me quiso dar con la mano,
me quiso dar con la mano,
pero allí se quedó muerto,
bien,
pero allí se quedó muerto,

bien,
pero allí se quedó muerto
el marino americano
que en el restaurant del puerto
me quiso dar con la mano,
¡bien!

SUDOR Y LÁTIGO[3]

Látigo,
sudor y látigo.

El sol despertó temprano,
y encontró al negro descalzo,
desnudo el cuerpo llagado,
sobre el campo.

Látigo,
sudor y látigo.

El viento pasó gritando:
—¡Qué flor negra en cada mano!
La sangre le dijo: ¡vamos!
Él dijo a la sangre: ¡vamos!
Partió en su sangre, descalzo.
El cañaveral, temblando,
le abrió paso.

Después, el cielo callado,
y bajo el cielo, el esclavo
tinto en la sangre del amo.

---

[3] Escrito en 1940, en Cuba, este poema fue publicado por primera
vez en *La Hora*, Buenos Aires, 26 de enero de 1947.

Látigo,
sudor y látigo,
tinto en la sangre del amo;
látigo,
sudor y látigo,
tinto en la sangre del amo,
tinto en la sangre del amo.

SON NÚMERO 6[4]

Yoruba[5] soy, lloro en yoruba
lucumí.
Como soy un yoruba de Cuba,
quiero que hasta Cuba suba mi llanto yoruba;
que suba el alegre llanto yoruba
que sale de mí.

Yoruba soy,
cantando voy,
llorando estoy,
y cuando no soy yoruba,
soy congo[6], mandinga[7], carabalí[8].
Atiendan, amigos, mi son, que empieza así:

Adivinanza
de la esperanza:
lo mío es tuyo,

---

[4] El título obedece a que en la primitiva versión de "Mi patria es dulce por fuera...", (Cfr. supra, n. 2) este poema ocupaba el sexto lugar.

[5] Yomba-lucumí, una de las "naciones" negras en Cuba (Vid. supra *Sóngoro-Cosongo*, n. 10; también Fernando Ortiz, *Los cabildos afrocubanos*, La Habana, 1923).

[6] congo, "nación" afrocubana.

[7] mandinga, "nación" afrocubana.

[8] carabalí, "nación" afrocubana.

lo tuyo es mío;
toda la sangre
formando un río.

La seiba seiba[9] con su penacho;
el padre padre con su muchacho;
la jicotea[10] en su carapacho.
¡Que rompa el son caliente,
y que lo baile la gente,
pecho con pecho,
vaso con vaso,
y agua con agua con aguardiente!
Yoruba soy, soy lucumí,
mandinga, congo, carabalí.
Atiendan, amigos, mi son, que sigue así:

Estamos juntos desde muy lejos,
jóvenes, viejos,
negros y blancos, todo mezclado;
uno mandando y otro mandado,
todo mezclado;
San Berenito y otro mandado,
todo mezclado;
negros y blancos desde muy lejos,
todo mezclado;
Santa María y uno mandado,

---

[9] seiba: ceiba (así en la ed. cit. de *Obra poética*). DRAE (voz haitiana) f. Árbol americano, de la familia de las bombacáceas, de unos 30 metros de altura, con tronco grueso, limpio y de color ceniciento, copa extensa casi horizontal, ramas rojizas y espinosas, hojas palmeadas, flores rojas axilares, y frutos cónicos de unos 30 cms. de largo, que contienen seis semillas pequeñas envueltas en gran cantidad de una especie de algodón, usado para rellenar almohadas. Con su madera se fabrican celulosa y piezas como adoquines para suelo de las calles; sus flores rojas, son tintóreos.

[10] jicotea, DRAE, f. *Cuba*. Un reptil quelonio, Hicotea., s. v. *hicotea* (voz americana), f. *Zool*. Reptil quelonio de la familia de los emídidos, que se cría en América; tiene unos 30 cm de longitud, y es comestible.

todo mezclado;
todo mezclado, Santa María,
San Berenito, todo mezclado,
todo mezclado, San Berenito,
San Berenito, Santa María,
Santa María, San Berenito,
¡todo mezclado!
Yoruba soy, soy lucumí,
mandinga, congo, carabalí.
Atiendan, amigos, mi son, que acaba así:

Salga el mulato,
suelte el zapato,
díganle al blanco que no se va:
de aquí no hay nadie que se separe;
mire y no pare,
oiga y no pare,
beba y no pare,
coma y no pare,
viva y no pare,
¡que el son de todos no va a parar!

TURIGUANÓ[11]

Isla de Turiguanó,
te quiero comprar entera,
y sepultarte en mi voz.
Oh luz de estrella marina,
isla de Turiguanó.
—¡Sí, señor,
cómo no!

---

[11] La isla de Turiguanó, a la que está dedicado el poema, situada en la costa norte de la provincia de Camagüey, está unida hoy a Cuba por carretera.

142

Isla de Turiguanó,
sin piratas quiero verte,
largo a largo bajo el sol,
suelta en tu coral redondo,
isla de Turiguanó.
—¡Sí, señor,
cómo no!

Hojas de plátano lento,
isla de Turiguanó,
despiertas cuando tú duermas[12]
quiero en tu fiel abanico,
isla de Turiguanó.
—¡Sí, señor,
cómo no!

¡Vámonos al Mar Caribe,
isla de Turiguanó,
en un velero velero,
sobre las aguas en vela,
isla de Turiguanó!
—¡Sí, señor,
cómo no!

¡Ay, Turiguanó soñando
clavada frente a Morón:
cielo roto, viento blando,
ay, Turiguanó llorando,
ay, Turiguanó!

---

[12] En la ed. 1942: despiertas mientras tú duermas.

UNA CANCIÓN EN EL MAGDALENA[13]
(Colombia)

Sobre el duro Magdalena,
largo proyecto de mar,
islas de pluma y arena
graznan a la luz solar.
     Y el boga[14], boga.

El boga, boga,
preso en su aguda piragua,
y el remo, rema: interroga
al agua.
     Y el boga, boga.

Verde negro y verde verde,
la selva elástica y densa,
ondula, sueña, se pierde,
camina y piensa.
     Y el boga, boga.

¡Puertos
de oscuros brazos abiertos!
Niños de vientre abultado
y ojos despiertos.
Hambre. Petróleo. Ganado...
     Y el boga, boga.

Va la gaviota esquemática,
con ala breve sintética,
volando apática...

---

[13] Compuesto, según consta al final del manuscrito, en el "Río Magdalena sobre el 'Medellín', travesía de Barranquilla a Barrancabermeja, junio 20/46", este poema estaba dedicado al poeta colombiano Jorge Artel.

[14] boga: DRAE, com. bogador; s. v. bogador, ra., m. y f. Persona que boga.

Blanca, la garza esquelética.
                Y el boga, boga.

Sol de aceite. Un mico duda
si saluda o no saluda
desde su palo, en la alta
mata donde chilla y salta
y suda...
                Y el boga, boga.

¡Ay, que lejos Barranquilla!
Vela el caimán a la orilla
del agua, la boca abierta.
Desde el pez la escama brilla.
Pasa una vaca amarilla
muerta.
                Y el boga, boga.

El boga, boga,
sentado,
boga.

El boga, boga,
callado,
boga.

El boga, boga,
cansado,
boga...

El boga, boga,
preso en su aguda piragua,
y el remo, rema: interroga
al agua.

Vapor "Medellín", junio 20-1946.

ELEGÍA[15]

Por el camino de la mar
vino el pirata,
mensajero del Espíritu Malo,
con su cara de un solo mirar,
y con su monótona pata
de palo.
Por el camino de la mar.

Hay que aprender a recordar
lo que las nubes no pueden olvidar[16].

Por el camino de la mar,
con el jazmín y con el toro,
y con la harina y con el hierro,
el negro, para fabricar
el oro;
para llorar en su destierro
por el camino de la mar.

¿Cómo vais a olvidar
lo que las nubes aún pueden recordar?

Por el camino de la mar,
el pergamino de la ley,
la vara para malmedir,
y el látigo de castigar,
y la sífilis del virrey,
y la muerte, para dormir
sin despertar,
por el camino de la mar.

[15] Este poema apareció por primera vez en la *Gaceta del Caribe*,
La Habana, año I, n.º 8, pág. 6, octubre de 1944.
[16] En la versión original: lo que aún las nubes no pueden olvidar.

¡Duro recuerdo recordar
lo que las nubes no pueden olvidar
por el camino de la mar!

BARLOVENTO[17]
(Venezuela)

1

Cuelga colgada,
cuelga en el viento,
la gorda luna
de Barlovento.

Mar: Higuerote[18]
(La selva untada
de chapapote.)[19]
Río: Río Chico[20].
(Sobre una palma,
verde abanico,
duerme un zamuro[21]
de negro pico.)

Blanca y cansada
la gorda luna
cuelga colgada.

---

[17] "Barlovento" se publicó originalmente en *El Nacional* de Caracas
el 21 de abril de 1946; estaba dedicado al escritor venezolano Oscar
Rojas Jiménez. Su título hace referencia a las Islas de Barlovento,
situadas en el Mar de las Antillas, frente a la costa oeste de Venezuela.

[18] Higuerote: Localidad costera venezolana a unos cien kilómetros
al oeste de Caracas.

[19] chapapote: DRAE (voz caribe), m. Asfalto más o menos es-
peso que se halla en las Antillas.

[20] Río Chico: Localidad venezolana cercana a Higuerote, en que
desemboca el río que le da nombre.

[21] zamuro. DRAE, m. *Colombia* y *Venezuela*, aura, ave; s. v. aura
(voz americana). Ave del orden de las rapaces diurnas, del tamaño de
una gallina, etc.

2

El mismo canto
y el mismo cuento,
bajo la luna
de Barlovento.

Negro con hambre,
piernas de soga,
brazos de alambre[22].

Negro en camisa,
tuberculosis
color ceniza.

Negro en su casa,
cama en el suelo,
fogón sin brasa.

¡Qué cosa cosa,
más triste triste,
más lastimosa!

(Blanca y cansada,
la gorda luna
cuelga colgada.)

3

Suena, guitarra
de Barlovento,
que lo que digas
lo lleva el viento.

---

[22] En la versión de 1946 esta estrofa decía:
        negro con hambre
        flaco, bien flaco,
        como un alambre.

—Dorón dorando,
mi negro canta,
y está llorando.

—Dorón dorendo,
ni yo me alquilo,
ni yo me vendo[23].

—Dorón dorindo,
si me levanto,
ya no me rindo.

—Dorón dorondo,
de un negro hambriento
yo no respondo.

(Blanca y cansada,
la gorda luna
cuelga colgada.)

PALMA SOLA[24]

La palma que está en el patio,
nació sola;
creció sin que yo la viera,
creció sola;
bajo la luna y el sol,
vive sola.

---

[23] En la ed. cit. de *Obra poética* esta estrofa dice:
—Dorón dorendo,
amigos, sepan
que no me vendo.
[24] Publicado por primera vez en la revista *Ellas*, La Habana, año XII,
número 144, diciembre de 1945.

Con su largo cuerpo fijo,
palma sola,
sola en el patio sellado,
siempre sola,
guardián del atardecer,
sueña sola.
La palma sola soñando,
palma sola,

que va libre por el viento,
libre y sola,
suelta de raíz y tierra,
suelta y sola,
cazadora de las nubes,
palma sola,
palma sola,
palma.

AGUA DEL RECUERDO...

¿Cuándo fue?
No lo sé.
Agua del recuerdo
voy a navegar.

Pasó una mulata de oro,
y yo la miré al pasar:
moño de seda en la nuca,
bata de cristal,
niña de espalda reciente,
tacón de reciente andar.

Caña
(febril la dije en mí mismo),
caña
temblando sobre el abismo,

¿quién te empujará?
¿Qué cortador con su mocha[25]
te cortará?
¿Qué ingenio con su trapiche[26]
te molerá?

El tiempo corrió después,
corrió el tiempo sin cesar,
yo para allá, para aquí,
yo para aquí, para allá,
para allá, para aquí,
para aquí, para allá...

Nada se, nada se sabe,
ni nada sabré jamás,
nada han dicho los periódicos,
nada pude averiguar,
de aquella mulata de oro
que una vez miré al pasar,
moño de seda en la nuca,
bata de cristal,
niña de espalda reciente,
tacón de reciente andar.

---

[25] mocho: DRAE. Dícese de todo aquello a que falta la punta o debida terminación, como el animal cornudo que carece de astas, el árbol mondado de ramas y copa, la torre sin chapitel, etc.
En Cuba recibe este nombre el tipo de machete empleado en el corte de caña. Dentro de la alegoría visionaria de esta estrofa del poema, en que la mulata despierta en el hablante un sentimiento similar al de una caña de azúcar, se inscriben éste y otros términos.
[26] ingenio: DRAE, s. v. ingenio de azúcar. Conjunto de aparatos para moler la caña y obtener el azúcar.
Trapiche: DRAE. Molino para extraer el jugo de algunos frutos de la tierra, como aceituna o caña de azúcar.

EL NEGRO MAR[27]

La noche morada sueña
sobre el mar;
la voz de los pescadores
mojada en el mar;
sale la luna chorreando
del mar.

El negro mar.

Por entre la noche un son,
desemboca en la bahía;
por entre la noche un son.
Los barcos lo ven pasar,
por entre la noche un son,
encendiendo el agua fría.
Por entre la noche un son,
por entre la noche un son,
por entre la noche un son...

El negro mar.

—Ay, mi mulata de oro fino,
ay, mi mulata
de oro y plata,
con su amapola y su azahar,
al pie del mar hambriento y masculino,
al pie del mar.

---

[27] Este son fue publicado en la *Gaceta del Caribe*, La Habana,
año I, n.º 8, octubre de 1944, con el título de "Mulata de oro fino".

ÁCANA[28]

Allá dentro, en el monte,
donde la luz acaba,
allá en el monte adentro,
ácana.

Ay, ácana con ácana,
con ácana;
ay, ácana con ácana.
El horcón[29] de mi casa.

Allá dentro, en el monte,
ácana,
bastón de mis caminos,
allá en el monte adentro...

Ay, ácana con ácana
con ácana;
ay, ácana con ácana.

Allá dentro, en el monte,
donde la luz acaba,
tabla de mi sarcófago,
allá en el monte adentro...
Ay, ácana con ácana,
con ácana;
ay, ácana con ácana...

Con ácana...

[28] Publicado en la *Gaceta del Caribe* en octubre de 1944 (vid. supra
n. 28).
Ácana: DRAE (voz de las Antillas). Arbol de la familia de las sa-
potáceas, muy común en la América Meridional y en la isla de Cuba,
y cuyo tronco es de ocho a diez metros de altura, de madera recia
y compacta, excelente para la construcción / 2. Madera de este árbol.
[29] Horcón: DRAE. Cuba. Madero vertical que en las casas rús-
ticas sirve a modo de columna, para sostener vigas o aleros de tejado.

IBA YO POR UN CAMINO...[30]

Iba yo por un camino,
cuando con la Muerte di.
—¡Amigo! —gritó la Muerte—
pero no le respondí,
pero no le respondí;
miré no más a la Muerte,
pero no le respondí.

Llevaba yo un lirio blanco,
cuando con la Muerte di.
Me pidió el lirio la Muerte,
pero no le respondí,
pero no le respondí;
miré no más a la Muerte,
pero no le respondí.

Ay, Muerte,
si otra vez volviera a verte,
iba a platicar contigo,
como un amigo:
mi lirio, sobre tu pecho,
como un amigo;
mi beso, sobre tu mano,
como un amigo;
yo, detenido y sonriente,
como un amigo.

---

[30] Este poema, con el título "La Muerte", apareció por primera vez en *Ellas*, La Habana, diciembre de 1945.

¡AY, SEÑORA, MI VECINA!...

¡Ay, señora, mi vecina,
se me murió la gallina!
Con su cresta colorada,
y el traje amarillo entero,
ya no la veré ataviada,
paseando en el gallinero,
pues señora mi vecina,
se me murió la gallina,
domingo de madrugada;
sí, señora, mi vecina,
domingo de madrugada;
ay, señora, mi vecina,
domingo de madrugada.

¡Míreme usted cómo sudo,
con el corral enlutado,
y el gallo viudo!
¡Míreme usted cómo lloro,
con el pecho destrozado
y el gallo a coro!
¡Ay, señora, mi vecina,
cómo no voy a llorar,
si se murió mi gallina!

LA TARDE PIDIENDO AMOR[31]

La tarde pidiendo amor.
Aire frío, cielo gris.
Muerto sol[32].
La tarde pidiendo amor.

---

[31] Con el título "No" apareció originalmente en *Ellas*, La Habana,
diciembre de 1945.
[32] En la ed. 1945 este verso dice:
        Blanco sol

Pienso en sus ojos cerrados,
la tarde pidiendo amor,
y en sus rodillas sin sangre,
la tarde pidiendo amor,
y en sus manos de uñas verdes,
y en su frente sin color,
y en su garganta sellada...
La tarde pidiendo amor,
la tarde pidiendo amor,
la tarde pidiendo amor.

No.
No, que me sigue los pasos,
no;
que me habló, que me saluda,
no;
que miro pasar su entierro,
no;
que me sonríe, tendida,
tendida, suave y tendida,
sobre la tierra tendida,
muerta de una vez, tendida...
No[33].

---

[33] En la ed. 1945 sólo aparece de la tercera estrofa el monosílabo
final: "No".

LA PALOMA DE VUELO POPULAR

La última estrofa de la *Elegía a Jesús Menéndez*, publicada por Guillén en 1951, empezaba con los siguientes versos:

> Venid, venid y en la alta
> torre estaréis, campana y campanero;
> estaremos, venid,
> metal y huesos juntos que saludan
> el fino, el esperado amanecer
> de las raíces: el tremendo hallazgo
> de una súbita estrella;
> metal y huesos juntos que saludan
> la paloma de vuelo popular
> y verde ramo en el aire sin dueño;
> ....

De esos versos iba a tomar el poeta el título de su siguiente libro, *La paloma de vuelo popular*, como emblema profético del "fulgor con que un nuevo sol parece", anunciado ya en "Guitarra", de *El son entero*.

Las cuarenta y tres composiciones que integran el volumen, habían sido escritas por Guillén en los seis largos años (1953-1958) que duró su exilio. Los múltiples lugares visitados por el poeta en ese período, suelen estar representados en las páginas del libro. Se trata, sin duda, de una obra de madurez, que cierra de alguna manera toda una etapa en la obra del poeta.

Anotemos, para terminar, un dato curiosamente decidor. *La paloma de vuelo popular* salió a la luz, desde los talleres de editorial Losada de Buenos Aires, el 28 de diciembre de 1958; tres días después, el 1.º de enero de 1959 la revolución encabezada por Fidel Castro triunfaba (también después de seis años transcurridos desde el asalto al Cuartel Moncada) en Cuba. El veintitrés de enero de ese año de 1959, Nicolás Guillén regresaba a su patria.

ARTE POÉTICA[1]

Conozco la azul laguna
y el cielo doblado en ella.
Y el resplandor de la estrella.
Y la luna.

En mi chaqueta de abril
prendí una azucena viva
y besé la sensitiva
con labios de toronjil[2].

Un pájaro principal[3]
me enseñó el múltiple trino.

---

[1] Publicada por primera vez en *El Nacional*, Caracas, 3 de agosto de 1953, esta "Arte poética", marca todo un programa literario, que aunque con antecedentes en la obra anterior del autor, se explicita acabadamente aquí (vid. *Introducción*).

[2] En la ed. 1953 esta estrofa decía:

> Hecha de sangre o marfil
> conozco la rosa viva.
> Y la sensitiva.
> Y el toronjil.

sensitiva: DRAE. Planta de la familia de las mimosáceas... es originaria de la América Central y presenta el fenómeno de que si se la toca o sacude, los folíolos se aproximan y aplican unos a otros, al propio tiempo que el pecíolo principal se dobla y queda la hoja pendiente cual si estuviera marchita, hasta que después de algún tiempo vuelve todo al estado normal.

toronjil: DRAE. Planta herbácea anual, de la familia de las labiadas...

[3] En 1953 este verso decía:

> "El ruiseñor forestal"

Mi vaso apuré de vino.
Sólo me queda el cristal.

¿Y el plomo que zumba y mata?
¿Y el largo encierro?
¡Duro mar y olas de hierro[4],
no luna y plata!

El cañaveral sombrío
tiene voraz dentadura.
¡Que sepa el astro en su altura
de hambre y frío![5]

Se alza el foete[6] mayoral.
Espaldas hiere y desgarra.
Ve y con tu guitarra
dilo al rosal.

Dile también del fulgor
con que un nuevo sol parece:
en el aire que la mece,
que aplauda y grite la flor.

UN LARGO LAGARTO VERDE[7]

Por el Mar de las Antillas[8]
(que también Caribe llaman)
batida por olas duras

---

[4] En 1953: Negro mar de ardiente hierro

[5] En la ed. cit. de *Obra poética* los dos últimos versos dicen:

    y sabe el astro en su altura
    de hambre y frío

[6] Foete: Una de las denominaciones americanas del *látigo*. Probablemente derivada del catalán *fuet*. Su forma usual en el español americano es *fuete*.

[7] Publicado originalmente en *La Última Hora*, La Habana, año II, número 16, 22 de mayo de 1952, con el título de "Lagarto Verde".

[8] En la ed. cit. (vid. supra n. 7) este verso dice:

    En el Mar de las Antillas

y ornada de espumas blandas,
bajo el sol que la persigue
y el viento que la rechaza,
cantando a lágrima viva
navega Cuba en su mapa:
un largo lagarto verde,
con ojos de piedra y agua.

Alta corona de azúcar
le tejen agudas cañas;
no por coronada libre,
sí de su corona esclava:
reina del manto hacia fuera,
del manto adentro, vasalla,
triste como la más triste
navega Cuba en su mapa:
un largo lagarto verde,
con ojos de piedra y agua.

Junto a la orilla del mar,
tú que estás en fija guardia,
fíjate, guardián marino,
en las puntas de las lanzas
y en el trueno de las olas
y en el grito de las llamas
y en el lagarto despierto
sacar las uñas del mapa:
un largo lagarto verde,
con ojos de piedra y agua.

CANCIÓN DE CUNA PARA DESPERTAR
A UN NEGRITO[9]

Dórmiti, mi nengre,
mi nengre bonito...

E. BALLAGAS

Una paloma
cantando pasa:
—¡Upa, mi negro,
que el sol abrasa!
Ya nadie duerme,
ni está en su casa;
ni el cocodrilo,
ni la yaguaza[10],
ni la culebra,
ni la torcaza...
Coco, cacao,
cacho, cachaza[11],
¡upa, mi negro,
que el sol abrasa!

Negrazo, venga
con su negraza.
¡Aire con aire,

[9] Como indican los versos que sirven de epígrafe a este poema, su título y su contenido son una suerte de antítesis de la canción "Para dormir a un negrito" del poeta cubano Emilio Ballagas (1910-1954).

[10] yaguaza: DRAE, s. v. yaguasa. Cuba y Honduras, ave palmípeda, especie de pato salvaje, pequeño, de color pardo claro y manchas oscuras, habita a orillas de lagunas y ciénagas.

[11] cacho: DRAE. Pedazo pequeño de alguna cosa, y más especialmente el del pan y el de algunas frutas, como el limón y la calabaza.

cachaza: DRAE. Espuma e impurezas que se forman y regresan al someter el jugo de la caña de azúcar a la defecación o purificación. En el poema estas voces están usadas, sobre todo, en un especial sentido jitanjafórico.

que el sol abrasa!
Mire la gente,
llamando pasa;
gente en la calle,
gente en la plaza;
ya nadie queda
que esté en su casa...
Coco, cacao,
cacho, cachaza,
¡upa, mi negro,
que el sol abrasa!

Negrón, negrito,
ciruela y pasa,
salga y despierte,
que el sol abrasa;
diga despierto
lo que le pasa...
¡Que muera el amo,
muera en la brasa!
Ya nadie duerme,
ni está en su casa:
¡coco, cacao,
cacho, cachaza,
upa, mi negro,
que el sol abrasa!

LA MURALLA

A Cristina Ruth Agosti

Para hacer esta muralla,
tráiganme todas las manos:
los negros, sus manos negras,
los blancos, sus blancas manos.
Ay,
una muralla que vaya

desde la playa hasta el monte,
desde el monte hasta la playa, bien,
allá sobre el horizonte.

—¡Tun, tun!
—¿Quién es?
—Una rosa y un clavel...
—¡Abre la muralla!

—¡Tun, tun!
—¿Quién es?
—El sable del coronel...
—¡Cierra la muralla!

—¡Tun, tun!
—¿Quién es?
—La paloma y el laurel...
—¡Abre la muralla!

—¡Tun, tun!
—¿Quién es?
—El alacrán y el ciempiés...
—¡Cierra la muralla!

Al corazón del amigo,
abre la muralla;
al veneno y al puñal,
cierra la muralla;
al mirto y la yerbabuena,
abre la muralla;
al diente de la serpiente,
cierra la muralla;
al ruiseñor en la flor,
abre la muralla...

Alcemos una muralla
juntando todas las manos;

los negros, sus manos negras,
los blancos, sus blancas manos.
Una muralla que vaya
desde la playa hasta el monte,
desde el monte hasta la playa, bien,
allá sobre el horizonte...

CASA DE VECINDAD[12]

Sola, sobre su ola de parado coral,
Antillilandia vive,
esperando el trompetazo del Juicio Inicial[13].

Casa de vecindad, patio del Mar Caribe,
donde los inquilinos se juntan
bajo la luna, para charlas de sus cosas;
donde hay ya negros que preguntan
y mujeres que asesinaron sus mariposas.
Onda negribermeja
de obreros de agria ceja
y niños con la cara vieja,
heridos por el ojo fijo del policía.
Tierra donde la sangre ensucia el día
y hay pies en detenida velocidad de salto
y gargantas de queja y no de grito
y gargantas de grito y no de queja
y voces de cañaverales en alto[14]
y lo que se dice y no está escrito
y todo lo demás que ya sabremos
a medida que andemos.

---

[12] Este poema apareció por primera vez en *Hoy*, La Habana, 30 de abril de 1953.
[13] En 1953: ...Juicio Final.
[14] En 1953: y voces de guardarrayas en alto.

Casa de vecindad, patio del Mar Caribe,
con mi guitarra de áspero son[15],
aquí estoy, para ver si me saco del pecho
una canción.
Una canción de sueño desatado,
una simple canción de muerte y vida
con que saludar el futuro ensangrentado,
rojo como las sábanas, como los muslos, como el lecho
de una mujer recién parida.

RÍOS

Tengo del Rin, del Ródano, del Ebro,
tengo los ojos llenos;
tengo del Tíber y del Támesis,
tengo del Volga, del Danubio,
tengo los ojos llenos.

Pero yo sé que el Plata,
pero yo sé que el Amazonas baña;
pero yo sé que el Misisipi,
pero yo sé que el Magdalena baña;

---

[15] En 1953 este verso y los siguientes decían:

    con mi bandurria de áspero son
    aquí estoy, para ver si me saco del pecho,
    entre un trago de ron
    y un buche de café bien hecho,
    aquí estoy, para ver si me saco del pecho
    mi canción.

    Una canción que nadie haya cantado
    una simple canción de muerte y vida,
    con que saludar el futuro ensangrentado;
    nuestro futuro, rojo como las sábanas, como los muslos,
    como el lecho
    de una mujer recién parida.

yo sé que el Almendares,
pero yo sé que el San Lorenzo baña;
yo sé que el Orinoco,
pero yo sé que bañan
tierras de amargo limo donde mi voz florece
y lentos bosques presos en sangrientas raíces.
¡Bebo en tu copa, América,
en tu copa de estaño,
anchos ríos de lágrimas!

Dejad, dejadme,
dejadme ahora junto al agua.

BARES

Amo los bares y tabernas
junto al mar,
donde la gente charla y bebe
sólo por beber y charlar.
Donde Juan Nadie llega y pide
su trago elemental
y están Juan Bronco y Juan Navaja
y Juan Narices y hasta Juan
Simple, el sólo, el simplemente
Juan.

Allí la blanca ola
bate de la amistad;
una amistad de pueblo, sin retórica,
una ola de ¡hola! y ¿cómo estás?
Allí huele a pescado,
a mangle[16], a ron, a sal
y a camisa sudada puesta a secar al sol.

---

[16] mangle: DRAE (voz caribe). Arbusto de la familia de las ri-
zoforáceas, de tres a cuatro metros de altura... Es propio de los países
tropicales, y las hojas, frutos y corteza se emplean en las tenerías.

Búscame, hermano y me hallarás
(en La Habana, en Oporto,
en Jacmel, en Shanghai)
con la sencilla gente
que sólo por beber y charlar
puebla los bares y tabernas
junto al mar.

CHILE[17]

Chile: una rosa de hierro,
fija y ardiente en el pecho[18]
de una mujer de ojos negros.
                    —Tu rosa quiero.

            (De Antofagasta[19] vengo,
            voy para Iquique[20];
            tan sólo una mirada
            me ha puesto triste.)

Chile: el salitral violento.
La pampa[21] de puño seco.
Una bandera de fuego.
                    —Tu pampa quiero.

            (Anduve caminando
            sobre el salitre;
            la muerte me miraba,
            yo estaba triste.)

---

[17] Publicado por primera vez en *Ellas*, La Habana, n.º 180, diciembre de 1948.

[18] En 1948: fija y ardiente en el pelo.

[19] Ciudad del norte de Chile, a casi 1.200 kilómetros de Santiago.

[20] Ciudad de Chile, a unos 350 kilómetros al norte de Antofagasta.

[21] La *pampa* chilena es no sólo una "llanura extensa que no tiene vegetación arbórea", según define la RAE, sino una zona absolutamente desértica y salitrosa.

Chile: tu verde silencio.
Tu pie sur en un estrecho
zapato de espuma y viento.
                    —Tu viento quiero.

> *(El ovejero ladra,*
> *la tropa sigue;*
> *la oveja mira al perro*
> *con ojos tristes.)*

Chile: tu blanco lucero.
Tu largo grito de hielo.
Tu cueca de polvo pueblo.
                    —Tu pueblo quiero[22].

> *(En la cresta de un monte*
> *la luna gime;*
> *agua y nieve le lavan*
> *la frente triste.)*

CERRO DE SANTA LUCÍA[23]

Santiago de Chile.

¡Cerro de Santa Lucía,
tan culpable por la noche,
tan inocente de día!

En el Cerro, en un banco
junto al Museo,
ay, ayer te veía
y hoy no te veo.

---

[22] En 1948: —Tu grito quiero
[23] El Cerro de Santa Lucía, ajardinado paseo público, se encuentra situado en pleno centro de Santiago de Chile.

¡Quién me dijera
que iba a pasar un día
sin que te viera!

Por un caminito
que sólo yo sé,
va el Arcángel, ángel,
Arcángel Gabriel.
En el alto cerro
media noche es;
en mí la mañana
comienza a nacer.
Pasó a nuestro lado
cuando la besé.
¡Qué roto[23 bis] (gritaba)
qué roto es usted!
¿Y usted, don Arcángel
(luego repliqué)
qué busca a estas horas,
sin alas y a pie,
por este camino
que sólo yo sé?
No busco (me dijo)
que ya la encontré,
a la virgen virgen
que ayer se nos fue
con un ángel ángel
más grande que usted.

¡Cerro de Santa Lucía
tan culpable por la noche,
tan inocente de día!

[23 bis] Roto es empleado aquí como sinónimo de "mal educado",
uso común en el habla de las clases altas chilenas. Cfr., sin embargo,
n. 24 a *Tengo*.

170

PANIMÁVIDA[24]

En Chile hallé palabras
de lluvia y nieve intacta,
mas ninguna tan clara...
—Panimávida.

Va por las rocas; salta.
De espumas se empenacha.
Luego duerme y se estanca.
—Panimávida.

O bien su antigua llama
muestra como una lágrima
en la noche araucana[25].
—Panimávida.

En Chile hallé palabras
de lluvia y nieve intacta,
más ninguna tan clara...
—Panimávida.

DOÑA MARÍA[26]

¡Ay, pobre doña María,
ella que no sabe nada!
Su hijo, el de la piel manchada,
a sueldo en la policía.

---

[24] Publicado por primera vez en *El Nacional* de Caracas el 3 de agosto de 1953, este poema tiene como nombre el de una fuente de aguas termales en el sur de Chile.

[25] En 1953, probablemente por error tipográfico:
"en la noche araucaria".

[26] Ángel Augier explica en la ed. cit. de *Obra poética* que es este un "Poema epigramático, escrito en La Habana en 1952, en ocasión de haber sido detenido el poeta..."

Ayer, taimado y sutil,
rondando anduvo mi casa.
¡Pasa! —pensé al verle— ¡Pasa!
(Iba de traje civil.)

Señora tan respetada,
la pobre doña María,
con un hijo policía,
y ella que no sabe nada.

LA PEQUEÑA BALADA DE PLÓVDIV
(Bulgaria)

En la vieja villa de Plóvdiv,
        lejos, allá,
mi corazón murió una noche
        y nada más.

Una larga mirada verde,
        lejos, allá,
húmedos labios prohibidos
        y nada más.

El cielo búlgaro brillaba,
        lejos, allá,
lleno de estrellas temblorosas
        y nada más.

¡Oh, lentos pasos en la calle,
        lejos, allá,
últimos pasos para siempre
        y nada más!

Junto a la puerta misteriosa,
        lejos, allá,
la mano blanca, un solo beso
        y nada más.

TRES POEMAS MÍNIMOS

A Lea Lublin, pintora.

1

Brizna, pequeño tallo...

Brizna, pequeño tallo
verde, en la tierra oscura:
¿de qué selva minúscula
eres baobad, de cuántos
pájaros-pulgas guardan
nidos tus fuertes ramas?
Brizna, pequeño tallo
verde, en la tierra oscura,
yo durmiendo a tu sombra,
para soñar, echado
bajo la luna.

2

Brisa que apenas mueves...

Brisa que apenas mueves
las flores, sosegada,
fino aliento del carmen
que blandamente pasas,
ven y empuja mi barca,
presa en el mar inmóvil.
Llévame, poderosa,
en tus mínimas alas,
oh, brisa, fino aliento,
brisa que apenas mueves
las flores sosegada.

Punto de luz, suspenso lampo...

Punto de luz, suspenso
lampo, remota estrella,
tú, sol de otros planetas,
bien que apenas te veo,
allá lejos, lejísimo,
muy lejos,
¿podré pedirte el fuego,
la luz y que madures
mis frutos, oh suspenso
lampo, remota estrella,
tú, sol de otros planetas?

MUERTE

¡Ay, de la muerte no sé
de qué color va vestida
y no sé si lo sabré!

¿Mano en el hueso y guadaña,
curva guadaña buída
en la punta de una caña?

¡Literatura sabida,
terrorismo medieval
para chantajear la vida!

Yo entraré en la noche ciega,
como entra la bestia oscura[27],

---

[27] En la ed. cit. de *Obra poética* este verso dice:
como entra la bestia pura.

que cuando la muerte llega
va y en la espesa espesura
cuerpo en calma y alma entrega.

Variante

¿Qué sabéis de la Muerte?
Nada.
Ni siquiera si existe.
Esta gran calumniada,
la gran triste,
la poderosa y fuerte,
es la gran ignorada.

Mas ya me veis: espero
mi momento postrero,
curioso, preparado,
pues quizá me sea dado
sentir que llega, armada,
y herido por su espada
gritar: ¡Te vi primero!

Elegías

En el mismo volumen que *La paloma de vuelo popular* editado por Losada en 1958, y tras los textos que abarcaba aquel nombre (vid. *Nota introductoria* a *La paloma de vuelo popular*), aparecían seis largos poemas reunidos bajo el título de *Elegías:* "Elegía cubana", "El apellido", "Elegía a Emmett Till", "Elegía a Jacques Roumain en el cielo de Haití", "Elegía camagüeyana" y "Elegía a Jesús Menéndez".

Mucho tiempo antes de su aparición el poeta había pensado en un libro que, con el nombre de *Elegías elegidas*, reuniese composiciones similares a las que presentaba ahora. De las seis *Elegías* de 1958, tres habían sido publicadas por separado con anterioridad ("Elegía a Jacques Roumain en el cielo de Haití", La Habana, 1948; "Elegía a Jesús Menéndez", La Habana, 1951; hay otras ediciones; "Elegía cubana", s. p. i.). Se pensó también en editar un volumen que reunía *Cuatro elegías antillanas* y que no llegó a publicarse (hay prueba de planas: París, Libraire des Éditions Espagnoles, 1955, 72 págs.), aunque sí vio la luz la versión bilingüe, español-francés, del texto *(Elégies antillaises*, traducción de Claude Couffon, París, Pierre Seghers, 1955, Autor du Monde 31, 93 págs.).

La diversa fecha de composición de las *Elegías* permitía ese destino editorial: "Elegía a Jacques Roumain", 1947-1948; "Elegía a Jesús Menéndez", 1948-1951; "El apellido", 1951-1953; "Elegía cubana", 1952; "Elegía

a Emmett Till", 1955-1956; "Elegía camagüeyana", 1958.
Aparentemente distintas del resto de la producción de
Guillén, las *Elegías* tienen, sin embargo, antecedentes
en la obra del poeta: pensemos por ejemplo en la "Ele-
gía a un soldado vivo", de *Cantos para soldados y sones
para turistas* (1937). Se trata de un conjunto homogéneo
de poemas que, incidiendo en los motivos más distin-
tivos de la lírica del cubano, los abordan desde un modo
poético diverso. Las diferencias se hacen particularmente
evidentes por la especial métrica de los poemas. Aunque
existen diferencias entre ellos, la forma regular que adop-
tan es la de la silva. En rigor, la de aquel tipo de silva
que, según Tomás Navarro Tomás, fue "predilecto de
Unamuno, formada por metros impares en los que
además de los de once y siete sílabas intervienen los de
tres, cinco y nueve y el alejandrino 7-7". Silva que alcanza
verdadera difusión a partir del post-modernismo.

Las *Elegías* de Nicolás Guillén no son *otra* poesía
sino sólo una faceta más de su rica, variada, y, sin
embargo, unitaria obra.

178

EL APELLIDO[1]

Elegía familiar

I

Desde la escuela
y aun antes... Desde el alba, cuando apenas
era una brizna yo de sueño y llanto,
desde entonces,
me dijeron mi nombre. Un santo y seña
para poder hablar con las estrellas.
Tú te llamas, te llamarás...
Y luego me entregaron
esto que veis escrito en mi tarjeta,
esto que pongo al pie de mis poemas:
catorce letras
que llevo a cuestas por la calle,
que siempre van conmigo a todas partes.
¿Es mi nombre, estáis ciertos?
¿Tenéis todas mis señas?
¿Ya conocéis mi sangre navegable,
mi geografía llena de oscuros montes,
de hondos y amargos valles
que no están en los mapas?
¿Acaso visitásteis mis abismos,

---

[1] La primera versión de esta Elegía apareció en el diario *Novedades*, México, 23 de mayo de 1954.

mis galerías subterráneas
con grandes piedras húmedas,
islas sobresaliendo en negras charcas
y donde un puro chorro
siento de antiguas aguas
caer desde mi alto corazón
con fresco y hondo estrépito[2]
en un lugar lleno de ardientes árboles,
monos equilibristas,
loros legisladores y culebras?
¿Toda mi piel (debí decir)
toda mi piel viene de aquella estatua
de mármol español? ¿También mi voz de espanto,
el duro grito de mi garganta? ¿Vienen de allá
todos mis huesos? ¿Mis raíces y las raíces
de mis raíces y además
estas ramas oscuras movidas por los sueños
y estas flores abiertas en mi frente
y esta savia que amarga mi corteza?
¿Estáis seguros?
¿No hay nada más que eso que habéis escrito,
que eso que habéis sellado
con un sello de cólera?
(¡Oh, debí haber preguntado!)

Y bien, ahora os pregunto:
¿no veis estos tambores en mis ojos?
¿No veis estos tambores tensos y golpeados
con dos lágrimas secas?
¿No tengo acaso
un abuelo nocturno
con una gran marca negra
(más negra todavía que la piel)
una gran marca hecha de un latigazo?
¿No tengo pues

---

[2] En 1954: con fresco y largo estrépito

un abuelo mandinga, congo, dahomeyano?[3]
¿Cómo se llama? ¡Oh, sí, decídmelo!
¿Andrés? ¿Francisco? ¿Amable?
¿Cómo decís Andrés en congo?
¿Cómo habéis dicho siempre
Francisco en dahomeyano?
En mandinga ¿cómo se dice Amable?
¿O no? ¿Eran, pues, otros nombres?
¡El apellido, entonces!
¿Sabéis mi otro apellido, el que me viene
de aquella tierra enorme, el apellido
sangriento y capturado, que pasó sobre el mar
entre cadenas, que pasó entre cadenas sobre el mar?
¡Ah, no podéis recordarlo!
Lo habéis disuelto en tinta inmemorial.
Lo habéis robado a un pobre negro indefenso.
Lo escondísteis, creyendo
que iba a bajar los ojos yo de la vergüenza.
¡Gracias!
¡Os lo agradezco!
Gentiles gentes, thank you!
Merci!
Merci bien!
Merci beaucoup!
Pero no... ¿Podéis creerlo? No.
Yo estoy limpio.
Brilla mi voz como un metal recién pulido.
Mirad mi escudo: tiene un baobad,
tiene un rinoceronte y una lanza.
Yo soy también el nieto,
biznieto,
tataranieto de un esclavo.
(Que se avergüence el amo).
¿Seré Yelofe?

---

[3] Esto es, de las regiones africanas a que estos gentilicios remiten.
Vid. también supra. *Sóngoro Cosongo*, n. 10: *El son entero*, n. 5.

¿Nicolás Yelofe, acaso?
¿O Nicolás Bakongo?
¿Tal vez Guillén Banguila?
¿O Kumbá?
¿Quizá Guillén Kumbá?
¿O Kongué?
¿Pudiera ser Guillén Kongué?
¡Oh, quién lo sabe!
¡Qué enigma entrre las aguas!

II

Siento la noche inmensa gravitar
sobre profundas bestias,
sobre inocentes almas castigadas;
pero también sobre voces en punta,
que despojan al cielo de sus soles,
los más duros,
para condecorar la sangre combatiente.
De algún país ardiente, perforado
por la gran flecha ecuatorial,
sé que vendrán lejanos primos,
remota angustia mía disparada en el viento;
sé que vendrán pedazos de mis venas,
sangre remota mía,
con duro pie aplastando las hierbas asustadas;
sé que vendrán hombres de vidas verdes,
remota selva mía,
con su dolor abierto en cruz y el pecho rojo en llamas.
Sin conocernos nos reconoceremos en el hambre,
en la tuberculosis y en la sífilis,
en el sudor comprado en bolsa negra,
en los fragmentos de cadenas
adheridos todavía a la piel;
sin conocernos nos reconoceremos
en los ojos cargados de sueños

y hasta en los insultos como piedras
que nos escupen cada día[4]
los cuadrumanos de la tinta y el papel.

¿Qué ha de importar entonces
(¡qué ha de importar ahora!)
¡ay! mi pequeño nombre
con sus catorce letras blancas?
¿Ni el mandinga, bantú,
yoruba, dahomeyano
nombre del triste abuelo ahogado
en tinta de notario?
¿Qué importa, amigos puros?
¡Oh, sí, puros amigos,
venid a ver mi nombre!
Ni nombre interminable,
hecho de interminables nombres;
el nombre mío, ajeno,
libre y mío, ajeno y vuestro,
ajeno y libre como el aire.

---

[4] En 1954 este verso y el anterior eran sólo uno, que decía:
   y hasta en los insultos que nos escupen cada día.

ELEGÍA A EMMETT TILL[5]

A Miguel Otero Silva.

El cuerpo mutilado de Emmett Till, 14 años,
de Chicago, Illinois, fue extraído del río
Tallahatchie, cerca de Greenwood, el 31 de
agosto, tres días después de haber sido rap-
tado de la casa de su tío, por un grupo de
blancos armados de fusiles...
The Crisis, New York, octubre de 1955.

En Norteamérica,
la Rosa de los Vientos
tiene el pétalo sur rojo de sangre.

El Mississippi pasa
¡oh viejo río hermano de los negros!
con las venas abiertas en el agua,
el Mississippi cuando pasa.
Suspira su ancho pecho
y en su guitarra bárbara
el Mississippi cuando pasa
llora con duras lágrimas.

---

[5] Aparecida por primera vez en *Propósitos*, Buenos Aires, 21 de
agosto de 1956, el texto original de esta Elegía no incluía el epígrafe
ni la dedicatoria al conocido escritor venezolano Miguel Otero Silva.

El Mississippi pasa
y mira el Mississippi cuando pasa
árboles silenciosos
de donde cuelgan gritos ya maduros,
el Mississippi cuando pasa,
y mira el Mississippi cuando pasa,
cruces de fuego amenazante,
el Mississippi cuando pasa,
y hombres de miedo y alarido,
el Mississippi cuando pasa,
y la nocturna hoguera
a cuya luz caníbal
danzan los hombres blancos,
y la nocturna hoguera
con un eterno negro ardiendo,
un negro sujetándose
envuelto en humo el vientre desprendido,
los intestinos húmedos,
el perseguido sexo,
allá en el Sur alcohólico,
allá en el Sur de afrenta y látigo,
el Mississippi cuando pasa.

Ahora ¡oh Mississippi,
oh viejo río hermano de los negros!,
ahora un niño frágil,
pequeña flor de tus riberas,
no raíz todavía de tus árboles,
no tronco de tus bosques,
no piedra de tu lecho,
no caimán de tus aguas:
un niño apenas,
un niño muerto, asesinado y solo,
negro.

Un niño con su trompo,
con sus amigos, con su barrio,
con su camisa de domingo,

con su billete para el cine,
con su pupitre y su pizarra,
con su pomo de tinta,
con su guante de béisbol,
con su programa de boxeo,
con su retrato de Lincoln,
con su bandera norteamericana,
negro.

Un niño negro asesinado y solo,
que una rosa de amor
arrojó al paso de una niña blanca.

¡Oh viejo Mississippi,
oh, rey, oh río de profundo manto!,
detén aquí tu procesión de espumas,
tu azul carroza de tracción oceánica:
mira este cuerpo leve,
ángel adolescente que llevaba
no bien cerradas todavía
las cicatrices en los hombros
donde tuvo las alas;
mira este rostro de perfil ausente,
deshecho a piedra y piedra,
a plomo y piedra,
a insulto y piedra;
mira este abierto pecho[6],
la sangre antigua ya de duro coágulo.
Ven y en la noche iluminada
por una luna de catástrofe,
la lenta noche de los negros
con sus fosforescencias subterráneas,
ven y en la noche iluminada,
dime tú, Mississippi,
si podrás contemplar con ojos de agua ciega

---

[6] En 1956: mírale el agrio pecho.

y brazos de titán indiferente,
este luto, este crimen;
este mínimo muerto sin venganza,
este cadáver colosal y puro:
ven y en la noche iluminada,
tú, cargado de puños y de pájaros,
de sueños y metales,
ven y en la noche iluminada,
oh viejo río hermano de los negros,
ven y en la noche iluminada,
ven y en la noche iluminada,
díme tú, Mississippi...

Poemas de amor

En enero de 1964, Ediciones La Tertulia, de La Habana, presentaba en su colección Cuadernos de Poesía (n.º 6), una recolección de los *Poemas de amor* de Nicolás Guillén, hecha por el también poeta cubano Fayad Jamís. Se trataba de veintiuna composiciones de motivo amoroso, catorce de las cuales habían aparecido en libros anteriores del autor o, aún conservándose inéditas, habían sido escritas, en la mayoría de las ocasiones, largo tiempo antes.

En la presente antología seguimos aquella edición, si bien muchos de los poemas en ella incluidos, figuran aquí en el lugar correspondiente a sus libros originarios. Frente a un problema semejante en la *Obra poética* tantas veces citada, Angel Augier advierte que "el poeta conservaba inéditos otros muchos (poemas de amor) que han venido a incorporarse, con pleno derecho, a esta parte sensible del libro", por lo que la obra mencionada recoge no los siete poemas inéditos incluidos en los primitivos *Poemas de amor*, sino dieciseis textos.

Nosotros, habiendo respetado el orden cronológico de publicación de la obra de Guillén, sólo reproducimos aquí dos poemas, que dan la medida de la calidad del resto de las composiciones, e incluimos en la sección *Poemas no recogidos en libro* algún otro de los que en *Obra poética* figuran en el apartado *Poemas de amor*.

189

ANA MARÍA[1]

Ana María,
la trenza que te cae
sobre el pecho, me mira
con ojos de serpiente
desde su piel torcida.

Yo entre todas tus gracias
señalo la sonrisa
con que al arder escondes
la llama de ti misma.

Es cuando te recorren
las nubes pensativas
y en tu cuerpo metálico
la tempestad se estira,
como una lenta y suave
serpiente suspendida.

PIEDRA DE HORNO[2]

La tarde abandonada gime deshecha en lluvia.
Del cielo caen recuerdos y entran por la ventana.
Duros suspiros rotos, quimeras calcinadas.

---

[1] Publicado por primera vez en la revista *UNIÓN*, La Habana, año I, n.º 2, julio-agosto 1962.

[2] Según noticia de Ángel Augier este poema fue escrito en el año 1944.

Lentamente va viniendo tu cuerpo.
Llegan tus manos en su órbita
de aguardiente de caña;
tus pies de lento azúcar quemados por la danza,
y tus muslos, tenazas del espasmo,
y tu boca, sustancia
comestible, y tu cintura
de abierto caramelo.
Llegan tus brazos de oro, tus dientes sanguinarios;
de pronto entran tus ojos traicionados;
tu piel tendida, preparada
para la siesta:
tu olor a selva repentina; tu garganta
gritando —no sé, me lo imagino—, gimiendo
—no sé, me lo figuro—, quejándose —no sé, supongo,
   creo—;
tu garganta profunda
retorciendo palabras prohibidas.

Un río de promesas
desciende de tu pelo[3],
se demora en tus senos,
cuaja al fin en un charco de melaza en tu vientre,
viola tu carne firme de nocturno secreto.

Carbón ardiente y piedra de horno
en esta tarde fría de lluvia y de silencio.

---

[3] En la ed. cit. de *Obra poética:*
            baja de tus cabellos

Tengo

En marzo de 1964, cinco años después del regreso de Guillén a Cuba, aparecía un libro en que el poeta recogía la obra escrita durante ese período. Lo publicaba la Universidad Central de Las Villas, con un prólogo de José Antonio Portuondo, en el que se podía leer:

> La poesía de Nicolás Guillén ejemplifica de modo eminente lo que ha de ser la poesía revolucionaria. En ella el contenido político conforma estrofas y versos de acuerdo con su intención expresiva, y el resultado es un canto asequible a todos, aunque no esté siempre expuesto en formas habituales, de todos conocidas.

El libro estaba dividido en tres partes: diecinueve poemas reunidos bajo el título principal; treinta y tres "Sones, sonetos, baladas y canciones", y once textos de "Sátira", entre los que se incluía una farsa para títeres: "Floripondito", segunda incursión conocida del autor en el terreno teatral. El volumen se completaba con "Tres textos musicales" para tres poemas de Guillén.

Aunque, como admite Ángel Augier, "la circunstancia inmediata predomina en la mayoría de las composiciones de *Tengo*", entre los poemas incluidos en esta colección se encuentran algunos de los más memorables de toda la obra del poeta cubano.

TENGO[1]

Cuando me veo y toco,
yo, Juan sin Nada no más ayer,
y hoy Juan con Todo,
y hoy con todo,
vuelvo los ojos, miro,
me veo y toco
y me pregunto cómo ha podido ser.

Tengo, vamos a ver,
tengo el gusto de andar por mi país,
dueño de cuanto hay en él,
mirando bien de cerca lo que antes
no tuve ni podía tener.
Zafra puedo decir,
monte puedo decir,
ciudad puedo decir,
ejército decir,
ya míos para siempre y tuyos, nuestros,
y un ancho resplandor
de rayo, estrella, flor.

Tengo, vamos a ver,
tengo el gusto de ir
yo, campesino, obrero, gente simple,

---

[1] Este poema, segundo de la colección a que da nombre, apareció originalmente en *La Gaceta de Cuba*, La Habana, 18 de junio de 1963.

tengo el gusto de ir
(es un ejemplo)
a un banco y hablar con el administrador,
no en inglés,
no en señor,
sino decirle compañero como se dice en español.

Tengo, vamos a ver,
que siendo un negro
nadie me puede detener
a la puerta de un *dancing* o de un bar.
O bien en la carpeta de un hotel
gritarme que no hay pieza,
una mínima pieza y no una pieza colosal[2],
una pequeña pieza donde yo pueda descansar.

Tengo, vamos a ver,
que no hay guardia rural
que me agarre y me encierre en un cuartel,
ni me arranque y me arroje de mi tierra
al medio del camino real.

Tengo que como tengo la tierra tengo el mar,
no *country*,
no *high-life*,
no *tennis* y no *yacht*,
sino de playa en playa y ola en ola,
gigante azul abierto democrático:
en fin, el mar.

Tengo, vamos a ver,
que ya aprendí a leer,
a contar,

---

[2] En 1963:

      una mínima pieza y no una *suite* descomunal

tengo que ya aprendí a escribir
y a pensar
y a reír.

Tengo que ya tengo
donde trabajar
y ganar
lo que me tengo que comer.
Tengo, vamos a ver,
tengo lo que tenía que tener.

CRECEN ALTAS LAS FLORES[3]

Si yo no fuera un hombre seguro; si no fuera
un hombre que ya sabe todo lo que le espera

con Lynch en el timón, con Jim Crow en el mando[4]
y por nocturnos mares sangrientos navegando;

si yo no fuera un viejo caimán cuyo pellejo
es cada vez más duro por cada vez más viejo;

si yo no fuera un negro de universal memoria
y un blanco que conoce su pecado y su gloria;

si yo no fuera un chino libre del mandarín
mirando por los ojos de Shanghai y Pekín;

si yo no fuera un indio de arrebatado cobre[5]
que hace ya cuatrocientos años que muere pobre;

---

[3] Se publicó por primera vez en *Hoy*, La Habana, 16 de junio de
1963, 2.ª edición. Se trata, según A. Augier, de "una crítica mordaz a
la llamada Alianza para el Progreso, ideada y puesta en práctica por
el entonces presidente de los Estados Unidos, John F. Kennedy".

[4] Lynch: Magistrado estadounidense del siglo XVIII a quien se rela-
ciona con el origen de la bárbara acción del linchamiento.

[5] En 1963:

si yo no fuera un indio de perseguido cobre.

si yo no fuera un hombre soviético, de mano
múltiple y conocida como mano de hermano:

si yo no fuera todo lo que ya soy, te digo
que tal vez me pudiera engañar mi enemigo[6].

*   *   *

Murió McCarthy, dicen. (Yo mismo dije: "Es cierto
murió McCarthy..."). Pero lo cierto es que no ha muerto.

Vive y no esconde el barbaro sus tenazas de hierro
y el verdugo y la silla, y el *g-man* y el encierro[7].

Monstruo de dos cabezas bien norteamericano,
una mitad demócrata, otra republicano;

monstruo de dos cabezas, mas ninguna con seso,
no importa que nos hable de alianza y de progreso.

Y tal vez porque habla, pues nadie en nuestra América
(india pálida y virgen, pero que no es histérica),

librado ya del férreo dogal de las Españas
va a creer a los yanquis sus tontas musarañas.

Alianza de Rockefeller con Mr. Ford: lo creo
y el progreso de entrambos no lo creo, lo veo.

Alianza de la Standard con la United... Pues claro,
así no es el progreso de las dos nada raro.

Alianza del Chase Bank con el World Bank. Compañero
la alianza de dos "banks" es progreso y dinero.

---

[6] La siguiente estrofa se iniciaba, en 1963, con ocho versos que
fueron suprimidos en la versión definitiva.

[7] Este pareado no figuraba en la versión de 1963.

Pero que no me vengan con cuentos de camino,
pues yo no sólo pienso, sino además opino

en alta voz y soy antes que nada un hombre
a quien gusta llamar las cosas por su nombre.

Y pregunto y respondo y me alzo y exijo
y sé cuándo la mona cargar no quiere al hijo.

Para el yanqui no somos más que escoria barata,
tribus de compra fácil con vidrio y hojalata;

generales imbéciles sin ciencia y sin escuela,
ante el jamón colgado cada uno en duermevela;

compadres argentinos, sátrapas peruanos[8],
betancures, peraltas, muñoces... Cuadrumanos[9]

a saltos en la selva; gente menuda y floja
que en curare mortífero sus agrias puntas moja.

Pero como tenemos bosques y cafetales[10],
hierro, carbón, petróleo, cobre, cañaverales,

(lo que en dólares quiere decir muchos millones)
no importa que seamos quéchuas o motilones.

Vienen pues a ayudarnos para que progresemos
y en pago de su ayuda nuestra sangre les demos[11].

---

[8] En 1963: verdugos argentinos, sátrapas peruanos
[9] Alusiones a Rómulo Betancourt, Enrique Peralta Azurdia, y Luis
Muñóz Marín, mandatarios de Venezuela, Guatemala y Puerto Rico,
respectivamente.
[10] En 1963: Pero como tenemos minas y cafetales,
[11] En 1963: y en pago de su ayuda nuestra sangre entreguemos

Si en Paraguay tumultos contra Washington hay,
que vaya luego Stroessner[12] y ayude al Paraguay.

Que quien gobierno y patria cifró en una botella,
ceda no al pueblo el mando sino a la ruda estrella

del espadón estulto cuya estulticia vende
el hogar a un extraño, y encarcela y ofende[13].

Que un macaco las nalgas ponga sobre el asiento
de Bolívar y ayude con terror y tormento

a que no rompa yugo ni sacuda tutela
el alto guerrillero que ruge en Venezuela.

Cada día en Colombia los soldados apuntan
contra los campesinos y obreros que se juntan[14].

Ayuda para el cobre de Chile es lo primero.
(El cobre de la "mining", no el cobre del minero.)

En la montaña pura suena triste la quena.
Habla con duras sílabas de estaño cuando suena.

En Brasil, hacia el lado nordeste de su angustia,
sangre y sudor revueltos riegan la tierra mustia

donde gringos de kepis se ayudan cada día...
Dígalo usted, Recife. ¿No es la verdad, Bahía?[15]

Centroamérica es una gran finca que progresa.
Va el plátano en aumento, crece el café y no cesa.

---

[12] Alfredo Stroessner, dictador del Paraguay desde 1954.
[13] Los cuatro versos anteriores faltan en la versión de 1963.
[14] Este dístico falta en 1963.
[15] Los tres pareados anteriores no existían en la versión original.

(A veces silba el látigo, se oye una bofetada,
desplómase un peón... En fin, eso no es nada.)

Ayudador deglute su inglés y se pasea
orondo el sometido criado de vil librea

que en Puerto Rico manda, es decir obedece,
mientras la vasta frente de Albizu[16] resplandece.

Junto al barroso Plata Buenos Aires rutila,
pero le empaña el brillo la sombra del gorila

de venenosa lengua y ojo de fija hiel,
a cuya voz se aprontan la cárcel y el cuartel[17].

* * *

Adelante, Jim Crow; no te detengas; lanza
tu grito de victoria. Un ¡hurra! por la Alianza.

Lynch, adelante, corre, busca tus fuetes[18]. Eso,
eso es lo que nos urge... ¡Hurra por el Progreso!

---

[16] Pedro Albizu Campos: Patriota puertorriqueño (1891-1965) que
se distinguió en la lucha contra la dominación norteamericana de la isla.
Sufrió prisión en diversas ocasiones y después de largos años de cárcel
con motivo del movimiento de Jayuya (1950) murió como consecuencia
de los malos tratos recibidos, poco después de ser puesto en libertad.

[17] Los versos anteriores tenían, en 1963, la siguiente forma y dis-
posición:

> Junto al borroso Plata Buenos Aires rutila
> pero le empaña el brillo la sombra del gorila
> a quien Kennedy ha dado misión de ayudar
> a encerrar, a violar, a robar, a matar.
> Ayudador deglute su inglés y se pasea orondo el
>   sometido criado de vil librea que en
>   Puerto Rico manda, es decir, obedece,
> mientras la vasta frente de Albizu resplandece .

[18] En la edición citada de *Obra poética*, foetes. Vid. n. 6 a *La Pa-
loma de vuelo popular*.

Así de día en día (aliados progresando
bajo la voz de Washington[19], que es una voz de mando)

hacer de nuestras tierras el naziparaíso:
ni un indio, ni un mal blanco, ni un negro, ni un mestizo;

y alcanzar la superba cumbre de la cultura
donde el genio mecánico de una gran raza pura

nos muestre la profunda técnica que proclama[20]
en Jacksonville, Arkansas, Mississippi, Alabama

el Sur expeditivo cuyos torpes problemas
arregla con azotes, con perros y con quemas.

Sólo que en nuestra América crecen altas las flores.
Engarza el pueblo y pule sus más preciadas gemas.
De las guerrillas parten bazukas y poemas.
Con vengativa furia truenan los ruiseñores...[21]

¿PUEDES?[22]

A Lumir Civrny, en Praga.

¿Puedes venderme el aire que pasa entre tus dedos
y te golpea la cara y te despeina?
¿Tal vez podrías venderme cinco pesos de viento,
o más, quizás venderme una tormenta?

---

[19] En 1963: "Kennedy", en vez de "Washington".
[20] En 1963: divulgue la profunda técnica que proclama.
[21] En 1963: Gorjean los fusiles, truenan los ruiseñores.
[22] *¿Puedes?* fue publicado, antes de ser incluido en *Tengo*, como libro en La Habana, Colección de la Librería La Tertulia, Úcar-García S. A., 1960, 13 páginas; originalmente apareció en *Magazine de Hoy*, La Habana, 13 de diciembre de 1959.

¿Acaso el aire fino
me venderías, el aire
(no todo) que recorre
en tu jardín corolas y corolas,
en tu jardín para los pájaros,
diez pesos de aire fino?

El aire gira y pasa
en una mariposa.
Nadie lo tiene, nadie.

¿Puedes venderme cielo,
el cielo azul a veces,
o gris también a veces,
una parcela de tu cielo,
el que compraste, piensas tú, con los árboles
de tu huerto, como quien compra el techo con la casa?
¿Puedes venderme un dólar
de cielo, dos kilómetros
de cielo, un trozo, el que tú puedas,
de tu cielo?

El cielo está en las nubes.
Altas las nubes pasan.
Nadie las tiene, nadie.

¿Puedes venderme lluvia, el agua
que te ha dado tus lágrimas y te moja la lengua?
¿Puedes venderme un dólar de agua
de manantial, una nube preñada,
crespa y suave como una cordera,
o bien agua llovida en la montaña,
o el agua de los charcos
abandonados a los perros,
o una lengua de mar, tal vez un lago,
cien dólares de lago?

203

El agua cae, rueda.
El agua rueda, pasa.
Nadie la tiene, nadie.

¿Puedes venderme tierra, la profunda
noche de las raíces; dientes
de dinosaurios y la cal
dispersa de lejanos esqueletos?
¿Puedes venderme selvas ya sepultadas, aves muertas,
peces de piedra, azufre
de los volcanes, mil millones de años
en espiral subiendo? ¿Puedes
venderme tierra, puedes
venderme tierra, puedes?

La tierra tuya es mía.
Todos los pies la pisan.
Nadie la tiene, nadie.

A CHILE[23]

Al partir.

Me iré, me voy, me fui... Soy ala y rueda.
Con resplandor de perseguido cobre,
Chile, tu vida en mí brillando queda.

Abierto el corazón, carta sin sobre,
en público te llamo tierra mía.
Pobre soy en tus pobres, roto[24] y pobre.

---

[23] Publicado por primera vez en *Hoy*, 2.ª ed., La Habana, 22 de marzo de 1964.

[24] DRAE, Chile. Individuo de la clase ínfima del país. A pesar de la definición académica, en Chile la palabra *roto* no tiene sólo una acepción despectiva. El roto chileno es una suerte de orgulloso símbolo de su pueblo.

Me llevo tu severa geografía
de paloma y volcán, de seda y fierro,
nieve llameante y llamarada fría.

Llevo el temblor, la lluvia, el fino cerro,
el viento en Magallanes[25], su ladrido
lastimero y austral de largo perro.

El copihue[26] en su púrpura encendido
me dio una aurora familiar, abierta
del blanco día en el floreal vestido.

Y del vino pasé por la ancha puerta
hacia terrestres vírgenes dormidas.
Quemé a su lado mi pasión despierta.

En tu cuerpo conté golpes y heridas;
te vi caer, mas levantarte luego
ante un coro de hienas sorprendidas,

en su noche temblando con tu fuego;
y el mar te oí de voces alteradas
como un titán enardecido y ciego.

Junto a las oficinas[27] desoladas
del salitre retengo el brillo duro
y de obreros febriles las miradas.

Descendí del carbón al centro oscuro;
en su inconforme piedra vi al minero
y me dio a respirar su gas impuro.

[25] La más austral de las provincias de Chile.
[26] DRAE. Planta de tallo voluble, de la familia de las liláceas, que da una flor roja y hermosa; es la flor nacional de Chile.
[27] En el norte de Chile, conjunto de terrenos, edificios, maquinarias, etcétera, que forman una unidad en la extracción del caliche y elaboración del salitre.

Apenas soy ¡oh Chile! tu escudero[28].
El enemigo tuyo es mi enemigo.
Parto. Me voy. Mas te acompaño y sigo
con Manuel[28 bis] fusilado y guerrillero.

RESPONDE TÚ...[29]

Tú, que partiste de Cuba,
responde tú,
¿dónde hallarás verde y verde,
azul y azul,
palma y palma bajo el cielo?
Responde tú.

Tú, que tu lengua olvidaste,
responde tú,
y en lengua extraña masticas
el *well* y el *you*[30],
¿cómo vivir puedes mudo?
Responde tú.

Tú, que dejaste la tierra,
responde tú,
donde tu padre reposa
bajo una cruz,
¿dónde dejarás tus huesos?
Responde tú.

Ah, desdichado, responde,
responde tú,

---

[28] En la ed. cit. de *Obra poética*, este verso dice:

Tu hermano soy ¡oh Chile! y tu escudero.

[28 bis] Manuel Rodríguez, guerrillero de enorme arraigo popular cuya actividad durante la reconquista española de Chile (1814-1817) fue de decisiva influencia para el triunfo final de la Independencia. Murió fusilado en abril de 1818.

[29] Publicado por primera vez en *Hoy Domingo*, La Habana, 26 de mayo de 1963.

[30] En la ed. cit. de *Obra poética:* el güel y el yu,

¿dónde hallarás verde y verde
azul y azul,
palma y palma bajo el cielo?
Responde tú.

BALADA[31]

Ay, venga, paloma, venga
y cuénteme usted su pena.

—Pasar he visto a dos hombres
armados y con banderas;
el uno en caballo moro,
el otro en potranca negra.
Dejaran casa y mujer,
partieran a lueñes tierras;
el odio los acompaña,
la muerte en las manos llevan.
¿A dónde váis?, preguntéles,
y ambos a dos respondieran:
Vamos andando, paloma,
andando para la guerra.
Así dicen, y después
con ocho pezuñas vuelan,
vestidos de polvo y sol,
armados y con banderas,
el uno en caballo moro,
el otro en potranca negra.
Ay, venga, paloma, venga
y cuénteme usted su pena.

---

[31] Publicado como volúmen con el mismo título: Nicolás Guillén, *Balada*, La Habana, Movimiento por la Paz y la soberanía de los Pueblos, 1962, s. f.; originalmente, en *El Mundo*, 5 de junio de 1962. He analizado el sentido del lenguaje y la estructura de este poema en el artículo "Poesía última de Nicolás Guillén"; vid. *Bibliografía*.

—Pasar he visto a dos viudas
como jamás antes viera,
pues que de una misma lágrima
estatuas parecen hechas.
¿A dónde váis, mis señoras?,
pregunté a las dos al verlas.
Vamos por nuestros maridos,
paloma, me respondieran.
De su partida y llegada
tenemos amargas nuevas;
tendidos están y muertos,
muertos los dos en la hierba,
gusanos ya sobre el vientre
y buitres en la cabeza,
sin fuego las armas mudas
y sin aire las banderas;
se espantó el caballo moro,
huyó la potranca negra.

Ay, venga, paloma, venga
y cuénteme usted su pena.

COPLAS AMERICANAS[32]

América malherida,
te quiero andar,
de Argentina a Guatemala,
pasando por Paraguay.

Mi mano al indio en Bolivia
franca tender;

---

[32] Apareció originalmente en *Verde Olivo*, La Habana, 24 de sep-
tiembre de 1960.

que el Pilcomayo[33] me lleve,
que me traiga el Mamoré[34].

Por el Sur de espaldas negras
me fuera yo;
las noches alumbraría
con incendios de algodón.

Ah, pueblo de todas partes,
ah, pueblo, contigo iré;
pie con pie, que pie con mano,
iremos que pie con pie.

Jamaica en inglés llorando,
Haití en patuá;
en papiamento otras islas
y todas sin libertad.

De Muñoz[35] en Puerto Rico
quiero saber
por qué dice, siempre dice,
dice siempre, dice: *yes*.

Santo Domingo, tan santo,
deja tu altar;
tan santo, Santo Domingo,
y vámonos a la mar.

Ah, pueblo de todas partes,
ah, pueblo, contigo iré;
pie con pie, que pie con mano,
iremos que pie con pie.

---

[33] Río Pilcomayo, que naciendo en Bolivia continúa por la frontera
entre Argentina y Paraguay, internándose en este país.
[34] Río Mamoré, en el norte de Bolivia.
[35] Luis Muñoz Marín, gobernador de Puerto Rico.

¡Que muera el generalote
sable mandón!
¡Que viva la primavera
y viva mi corazón!

Ay, mi general Sandino[36],
vuelve a partir
camino de Las Segovias,
que yo te voy a seguir.

Lor barbudos de mi tierra
cantando van
con campesinos y obreros,
y no se separarán.

Ah, pueblo de todas partes,
ah, pueblo, contigo iré;
pie con pie, que pie con mano,
iremos que pie con pie.

Como estamos todos juntos
voy a contar
un cuento que me contaron
y no he podido olvidar.

¡Padre! a Bolívar ¡oh Padre!,
Martí llamó.
Era una noche estrellada.
El viento lo repitió.

Va el viento por nuestra América,
va el viento así,

    [36] En 1924 se desató una guerra civil en Nicaragua, en la que inter-
vino Estados Unidos. El general Sandino luchó contra la reacción
nacional y las fuerzas de ocupación, al mando de guerrilleros patriotas
que tenían su centro de operaciones en las montañas de Las Segovias.
Augusto César Sandino fue asesinado en 1934 por Anastasio Somoza.

con Bolívar a caballo,
en su tribuna, Martí.

Ah, pueblo de todas partes,
ah, pueblo, contigo iré;
pie con pie, que pie con mano,
iremos que pie con pie.

Vi una vez a un marinero,
lo vi subir
una alta frente de mármol
y en esa frente escupir.

Un yanqui de la Embajada[37]
vino por él;
cañones lo protegieron,
bajo cañones se fue.

Toda la sangre en el rostro
se me agolpó;
menos mal que le sé el nombre
y por dónde se marchó.

Ah, pueblo de todas partes,
ah, pueblo, contigo iré;
pie con pie, que pie con mano,
iremos que pie con pie.

EL JARRÓN[38]

En el candor de mi niñez lejana,
entre el libro y el juego,
China era un gran jarro de porcelana
amarilla con un dragón de fuego.

---

[37] En 1960: Un yanqui de su Embajada
[38] Publicado por primera vez en *Hoy*, La Habana, 30 de junio de 1960.

También la familiar y fugitiva
hora de la hortaliza y del tren de lavado,
y Andrés, el cantonés de gramática esquiva,
verde y recién fundado.

Luego fue Sun Yat-sen en la múltiple foto[39],
con su sueño romántico y roto.

Y por fin noche y día,
la gran marcha tenaz y sombría
y por fin la victoria y por fin la mañana[40]
y por fin lo que yo no sabía:
toda la sangre que cabía
en un jarrón de porcelana.

SE ACABÓ[41]
(SON)

Te lo prometió Martí
y Fidel te lo cumplió;
ay, Cuba, ya se acabó
se acabó por siempre aquí,
se acabó,
ay, Cuba, que sí, que sí,
se acabó
el cuero de manatí[42]
con que el yanqui te pegó.
Se acabó.
Te lo prometió Martí
y Fidel te lo cumplió.
Se acabó.

---

[39] En 1960: Luego fue Sun Yat-sen y la múltiple foto
[40] En 1960: y por fin Mao Tse-tung y por fin la mañana
[41] Apareció originalmente en *Hoy*, La Habana, 9 de agosto de 1960.
[42] DRAE (voz caribe). Mamífero sirenio, de unos cinco metros de longitud.../2. Tira de la piel de este animal, que, después de seca, sirve para hacer látigos y bastones.

Garra de los garroteros,
uñas de yanquis ladrones
de ingenios azucareros:
¡a devolver los millones,
que son para los obreros!

La nube en rayo bajó,
ay, Cuba, que yo lo vi;
el águila se espantó,
yo lo vi;
la coyunda se rompió,
yo lo vi[43];
el pueblo canta, cantó,
cantando está el pueblo así:
—Vino Fidel y cumplió
lo que prometió Martí.
Se acabó.

¡Ay, qué linda[44] mi bandera,
mi banderita cubana,
sin que la manden de afuera,
ni venga un rufián cualquiera
a pisotearla en La Habana!
Se acabó.
Yo lo vi.
Te lo prometió Martí
y Fidel te lo cumplió.
Se acabó.

---

[43] En la versión original había, a continuación de este verso, dos
suprimidos en la definitiva:

La palma, creció, creció
yo lo vi

[44] En 1960: "limpia"

A LA VIRGEN DE LA CARIDAD

Virgen de la Caridad,
que desde un peñón de cobre
esperanza das al pobre
y al rico seguridad.
En tu criolla bondad,
¡oh madre!, siempre creí,
por eso pido de ti
que si esa bondad me alcanza
des al rico la esperanza,
la seguridad a mí.

El gran zoo

La primera edición de *El gran zoo* fue impresa en La Habana, en 1967. Ese mismo año aparecía en París una edición bilingüe con traducción al francés por el poeta haitiano René Depestre. Los poemas de *El gran zoo*, aparentemente disímiles a los de la producción anterior de Guillén, habían sido escritos, sin embargo, con mucha anterioridad a esa fecha. Ángel Augier indica que los primeros fueron creados por el autor en Buenos Aires, en diciembre de 1958: "Esas primicias —señala Augier— aparecieron en la revista *Lunes de Revolución*, de 29 de junio de 1959, numeradas del I al VII." En la primera edición de la *Antología mayor* (1964) podía leerse, asimismo, una selección de ocho textos reunidos bajo el nombre del futuro libro.

Las dos ediciones de 1967 son prácticamente idénticas (en esta antología seguimos la versión publicada en París): treinta y nueve composiciones (a las que, en la segunda edición cubana de la obra, 1971, se agregaría otra: "Papaya") de tono jocundo, que, figurando una visita al Zoológico, se organizan a manera de nuevo Bestiario, en donde no se describen bestias sino variados seres y objetos a los que se atribuyen características zoomórficas: el título, *El gran zoo*, señala el lugar de reunión de esos seres: el mundo.

Semejante tema es inédito, hasta esa fecha, en Guillén, y aunque el tono es semejante al de algunos de los poemas de su primera época (vid., por ejemplo, "Odas mínimas") es posible, también, advertir en algunos casos antelaciones de detalle en obras anteriores del poeta.

Lo sorprendente de los ocho poemas reside, sobre todo, en su composición. La calificación que mejor les cuadra es la de cubistas; tal como en el cubismo, los objetos están vistos aquí, a un mismo tiempo, desde ángulos (ficticios) distintos y no desde una perspectiva única: de tal manera "se proporcionan elementos que se articulan en una forma nueva, se entrecruzan y penetran en una imagen total que, inmediatamente, torna corpórea la superficie misma, pero sin eliminar la superficie como receptáculo espacial en el que se encuentran los cuerpos".

Los objetos que figuran en *El gran zoo* están vistos al mismo tiempo al menos desde un doble ángulo. Por una parte, en el nivel de realidad en que una guitarra, verbigracia, es sólo y ciertamente una guitarra: pero desde una segunda perspectiva el objeto en cuestión está visto en otro nivel de realidad, en el que una guitarra es un ave desconocida, habitante de los bosques y a la cual se puede cazar en noches de luna llena. Se trata, pues, de una suerte de cubismo sintético, o "de concepción": aquel en que, según André Lhote, "no se trata ya de una cosa determinada, sino analizada, vista al mismo tiempo en sus varios aspectos" con lo que se logra el efecto de "lo tridimensional" a través de lo que Apollinaire llamaría "una especie de estereometrización".

En los poemas de *El gran zoo* esos fenómenos plásticos se cumplen literariamente. El entrecruzamiento de dos o más perspectivas, de dos o más imágenes de un mismo objeto, proporciona una nueva visión del objeto descrito; incluso otorga a tal visión una realidad nueva, que es más que la simple suma de niveles de realidad agrupados. Esa realidad nueva, que cobra vida en el poema concreto, no hace, sin embargo, olvidar la superficie en que se mueve. Las tensiones así provocadas entre diversos niveles de lo real dotan a los objetos de entrañable presencia, multiplican su resonancia poética.

Los caminos literarios por los que el proceso se cumple son los siguientes: en muchas ocasiones el punto de partida es una imagen visionaria desarrollada en todos sus elementos: esto es una alegoría visionaria. El término A y el término B (guitarra-ave) despiertan en su contemplador un sentimiento parejo, que va desarrollándose en una serie de notas distintivas paralelas, desembocando en un resultado semejante a lo que Bousoño ha llamado *visión*. Toda vez que el temple de ánimo que preside gran parte de las composiciones es alegre y humorístico, esas visiones son, a menudo, *visiones cómicas;* pero siempre la superioridad irónica del hablante fija la perspectiva desde que el motivo de la composición se enfoca y permite al lector adoptar un certero punto de vista. Junto a los casos anteriores (mayoritarios) se encuentran también aquellos en que la visión está dictada por una actitud lírica que no es la de la enunciación, sino la del lenguaje de la canción: se trata de poemas en que lo humorístico es sustituido, para emplear palabras del propio autor, por "una alta temperatura poética". En este último grupo pueden incluirse los poemas en que se atribuyen características zoológicas a objetos denominados con nombre de animal, pero inanimados: la fantasía juega aquí con el significado de algunos sintagmas.

El gran zoo representa una etapa fundamental en la producción de Guillén; sus poemas aunque aparentemente desvinculados de su anterior obra, encuentran antecedentes tanto en la poesía de sus primeros tiempos, como en composiciones de sus libros más famosos. Escritos alrededor del año 1959 (aun cuando algunos lo fueron antes) los poemas de *El gran zoo* parecen delatar, por el reinado de la fantasía que en ellos impera, por la felicidad de su pura creación, por su tono secreto y encantado, por su maravillado encanto pueril, un temple de ánimo particularmente alegre, que podría reconocer motivación en el triunfo de la revolución cubana, esperado largo tiempo por el poeta.

AVISO[1]

Por un acuerdo del Ayuntamiento
fue creado este gran zoo
para nativos y extranjeros
y orgullo de nuestra nación.
Entre los ejemplares de más mérito
están los animales de agua y viento
(como en el caso del ciclón),
también un aconcagua verdadero,
una guitarra adolescente,
nubes vivas,
un mono catedrático y otro cotiledón

¡Patria o muerte!

EL DIRECTOR

---

[1] Publicado originalmente en *Gaceta de Cuba*, año 5, n.º 51, junio-julio de 1966.

EL CARIBE[2]

En el acuario del Gran Zoo,
nada el Caribe.

　　Este animal
marítimo y enigmático
tiene una cresta de cristal[3],
el lomo azul, la cola verde,
vientre de compacto coral,
grises aletas de ciclón.
En el acuario, esta inscripción:
　　　　　　　　　"Cuidado: muerde".

GUITARRA[4]

Fueron a cazar guitarras,
bajo la luna llena.
Y trajeron ésta,
pálida, fina, esbelta,
ojos de inagotable mulata,
cintura de abierta madera[5].
Es joven, apenas vuela.
Pero ya canta
cuando oye en otras jaulas
aletear sones y coplas.
Los sonesombres y las coplasolas[6].
Hay en su jaula esta inscripción:
　　　　　　　　　"Cuidado: sueña".

---

　　[2] Apareció por primera vez en *Lunes de Revolución*, La Habana,
29 de junio de 1959.

　　[3] En la ed. cit. de *Obra poética:*
　　　　　　　　tiene una blanca cresta de cristal,

　　[4] Originalmente junto con "El Caribe", vid. supra n. 2.

　　[5] En 1959: cintura de ardiente madera.

　　[6] Las palabras soldadas no son ajenas a la poética general de Guillén
(vid. *Introducción*) y en especial a la de *El gran zoo* (vid. *Nota introduc-
toria*).

LA PAJARITA DE PAPEL[7]

Sola, en su jaula mínima,
dormitando,
la Pajarita de Papel.

LOS RÍOS[8]

He aquí la jaula de las culebras.
Enroscados en sí mismos,
duermen los ríos, los sagrados ríos.
El Mississippi con sus negros,
el Amazonas con sus indios.
Son como los zunchos poderosos
de unos camiones gigantescos.

Riendo, los niños les arrojan
verdes islotes vivos,
selvas pintadas de papagayos,
canoas tripuladas
y otros ríos.

Los grandes ríos despiertan,
se desenroscan lentamente,
engullen todo, se hinchan, a poco más revientan,
y vuelven a quedar dormidos.

SEÑORA[9]

Esta señora inmensa
fue arponeada en la calle[10].

---

[7] Publicada por primera vez junto a "El Caribe", vid. supra n. 2.
[8] Originalmente junto a "El Caribe", vid. supra n. 2.
[9] Publicado por primera vez junto a "El Caribe", vid. supra n. 2.
[10] En 1959, a continuación de este verso figuraba otro, suprimido en la versión definitiva:

y herida gravemente

Sus pescadores arrojados
se prometían el aceite,
los bigotes delgados y flexibles,
la grasa... (Descuartizarla sabiamente.)

Aquí está.

Convalece.

EL HAMBRE

Este[11] es el hambre. Un animal
todo colmillo y ojo.
Nadie le engaña ni distrae.
No se harta en una mesa[12].
No se contenta
con un almuerzo o una cena.
Anuncia siempre sangre.
Ruge como león, aprieta como boa,
piensa como persona.

El ejemplar que aquí se ofrece
fue cazado en la India (suburbios de Bombay),
pero existe en estado más o menos salvaje
en otras muchas partes.

No acercarse.

---

[11] En la ed. cit. de *Obra poética:* "Esta".
[12] En la ed. cit. de *Obra poética* el orden de este verso y el anterior
es inverso:

No se harta en una mesa.
Nadie lo engaña ni distrae.

INSTITUTRIZ

CATEDRÁTICA.
Enseña inglés y álgebra.

Oxford.

Ramonea
hojillas tiernas, altas.
Casta, más relativamente.

(Ama en silencio a un alumno elefante.)

Nombre común: jirafa.

MONOS[13]

El territorio de los monos.
De acuerdo con los métodos modernos
están en libertad provisional.

El de sombrero profesor.
Con su botella el del anís.
Los generales con sus sables de cola.
En su caballo estatua el héroe mono.
El mono oficinista en bicicleta.
Mono banquero en automóvil.
Decorado mono mariscal.
El monocorde cordio
fásico cotiledón.
Monosacárido.
Monoclinal.
Y todos esos otros que usted ve.

---

[13] Publicado originalmente en la revista *Bohemia*, La Habana, 9 de junio de 1967.

Para agosto
nos llegarán seiscientos monosmonos.
(La monería fundamental.)

POLICÍA[14]

Este animal se llama policía.
Plantígrado soplador.
Variedades: la inglesa, *sherlock*. (Pipa).
Carter, la norteamericana. (Pipa).
Alimento normal:
pasto confidencial,
electrointerrogograbadoras,
comunismo (internacional),
noches agotadoras
de luz artificial.
Son mucho más pequeños los de raza *policeman*.
Metalbotones, chapa. La cabeza
formando gorra. Pelaje azul en general.
Alimento normal: delincuencia infantil,
disturbios, huelgas, raterías.
Comunismo (local).

AVISO
GRAN ZOO DE LA HABANA

*Museo de prehistoria abierto al público - todos
los días menos los domingos. - Idiomas:
Español, inglés y ruso.*

Se avisa la llegada
de nuevos ejemplares, a saber:

---

[14] Publicado por primera vez en *Gaceta de Cuba*, La Habana,
junio-julio 1966.

224

La gran paloma fósil del jurásico
en la que son visibles todavía
sus dos dispositivos lanzabombas.
Hay una colección de hachas atómicas,
máscaras rituales de forma antiaerolítica
y macanas[15] de sílex radioactivo.
Finalmente, un avión
(el tan buscado caza de plioceno)
que es una pieza de excepción.

¡Patria o Muerte![16]

EL DIRECTOR

TONTÓN-MACOUTE[17]

A Renè Depestre

Cánido
numeroso en Haití bajo la Era
Cuadrúpeda.
                    Ejemplar
hallado en el corral presidencial
junto a las ruinas
silvestres de palacio.
(Port-au-Prince.)

---

[15] Macana: DRAE (voz caribe). Arma ofensiva, a manera de machete, hecha con madera dura y filo de pedernal, que usaban los indios americanos.

[16] En la ed. cit. de *Obra poética*, en lugar de este verso, se lee:
                    La Habana, junio 5.

[17] Este poema, cuyo título reproduce el nombre popular dado a la guardia secreta haitiana instituida por el dictador François Duvalier, está dedicado a René Depestre, traductor de *El gran zoo* al francés (vid. *Nota introductoria*), y fue publicado originalmente en la revista *Bohemia*, La Habana, 9 de junio de 1967.

Perdió la pata izquierda de un balazo
frente al Champ de Mars
en un tumulto popular.

Morirá en breves días
a causa de la herida de machete
que le hunde el frontal.

Se le está preparando una vitrina
en el museo de historial natural.

SALIDA

Aquí termina la visita de hoy.
Mañana será otro día
y volveremos al Gran Zoo.

Seguir la flecha
Al fondo (izquierda)
SALIDA
EXIT
SORTIE

La rueda dentada

En 1972, al cumplir setenta años, Nicolás Guillén publicó dos nuevas obras y vio aparecer la primera compilación verdaderamente completa de su producción lírica. El primero de los dos libros inéditos se titula *La rueda dentada* y es, en rigor, una reunión de muchos libros. Los subtítulos de sus diferentes secciones dan cuenta de esa diversidad: después de los dieciocho poemas que responden a la denominación principal, hay cinco que se reúnen bajo el nombre de "Salón independiente", y están dedicados a cinco pintores cubanos fallecidos; otros cuatro poemas, con el título de "Retratos", tienen como motivo pájaros de Cuba; los "Sonetos", que son ocho, no presentan otra unidad que su forma métrica; hay a continuación XXXI "Epigramas", uno de los apartados de *La rueda dentada* más novedoso e interesante; después, nueve textos que se agrupan en "Ex corde"; cuatro más, reunidos en un "Taller abandonado"; a continuación, con el nombre de "Tránsitos", seis composiciones elegíacas, de gran altura lírica, tres de ellas dedicadas al comandante Ernesto Che Guevara; cierran el volumen doce "Poemas traducidos".

La multiplicidad de *La rueda dentada* da muestra de la constante actividad poética de Guillén, de su consciente búsqueda de nuevos caminos líricos que expresen su visión del mundo; por ello, tal vez, el "Prólogo" del volumen advierta:

227

La rueda dentada, con un diente
roto,
si empieza una vuelta se detiene
a poco.

Donde el diente falta (o mejor no falta,
sino que está roto),
la rueda se traba, el diente no encaja,
la rueda no marcha, no pasa, no avanza,
se detiene a poco.
. . . .
. . . .
¡Arriba y arriba la Rueda Dentada!
. . . .
Sin que falte un diente, o esté un diente
roto.
Siempre mucho mucho
nunca poco poco.

PARÍS

El inocente indígena,
el decorado artista provincial
recién París, recién
Barrio Latino y tantas cosas
como la muchachita rubia,
el vino y la miseria,
está ni alumno ni maestro.

Pinta días en rosa.
Con el cincel desbasta (eso piensa) el futuro.
Con la pluma bordea imitaciones.
Discute a gritos,
discute a gritos de alba en alba
junto al zinc de bistrot,
de Modigliani y de Picasso,
de Verlaine, de Rimbaud.

Y América esperando.

PROBLEMAS DEL SUBDESARROLLO[1]

Monsieur Dupont te llama inculto,
porque ignoras cuál era el nieto
preferido de Víctor Hugo.

---

[1] Publicado originalmente en *Verde Olivo*, La Habana, 5 de junio de 1969.

Herr Müller se ha puesto a gritar,
porque no sabes el día
(exacto) en que murió Bismarck.

Tu amigo Mr. Smith[2],
inglés o yanqui, yo no lo sé,
se subleva cuando escribes *shell*.
(Parece que ahorras una ele,
y que además pronuncias *chel*.)

Bueno ¿y qué?
Cuando te toque a ti,
mándales decir cacarajícara[3],
y que dónde está el Aconcagua,
y que quién era Sucre.
y que en qué lugar de este planeta
murió Martí.

Un favor:
que te hablen siempre en español.

EL BOSQUE ENFERMO

El bosque se ha enfermado.
Hay sitios donde está
la piel cuarteada, seca, dura.
¿Lepra tal vez, o sífilis?
No; parece que no.
A lo que se ve y se sabe de otros casos,
le está naciendo una ciudad.

---

[2] En 1969: Mr. Smith.
[3] En 1969: mándales decir Huancavelica

RETRATO DEL GORRIÓN[4]

El gorrión es un ser municipal,
electoral,
gritón.
Su vestido habitual
es una blusa parda de algodón:
el pantalón
de tela igual.
(No lleva cinturón.)
Por último, glotón.
Señores, qué glotón es el gorrión.
Alimentarse no está mal,
pero hay que tener moderación,
como enseña el Manual
de Buena Educación.

Objeción
capital:
demasiado normal.
¿No habrá un gorrión
genial?

A LAS RUINAS DE NUEVA YORK[5]

Estos, Fabio, ¡ay dolor!, etc.

Esta, niños, ciudad que veis ahora
a los vientos errantes ofrecida,
con blanca furia y llama dirigida
de otros tiempos crüel gobernadora,

---

[4] Apareció por primera vez en *Mensajes*, Boletín de la Unión de Escritores y Artistas de Cuba, 18 de marzo de 1971.

[5] Publicado originalmente en la revista *UNIÓN*, La Habana, marzo de 1972.

rindió por fin su lanza retadora
y hoy yace en rota piedra convertida,
Nueva York, en el siglo conocida
por puta mucho más que por señora:

Aquí Broadway lució su rica empresa,
la Bolsa dilató su griterío
y la virtud murió golpeada y presa.

Este desierto páramo sombrío
a guardar no alcanzó reliquia ilesa,
sino la sangre, enorme como un río.

A GONZALO ROJAS[6]

Fijo en el Sur tu nombre reverbera.
Tu voz suena a carbón y baja mina.
Vuela tu verso, mas también camina.
Arde tu verso en bosque y sementera.

Alto estás en tu fría cordillera.
Abajo estás en ciénago y salina.
Ya tu entrañable cobre vaticina
el bronce de tu estatua venidera.

De Magallanes a la luz marina
se encorva el duro mapa, de manera
que en tremendo espolón se alza y domina.

Salud, Gonzalo, viva tu bandera.
Su tricolor color jamás se inclina.
Quien pretenda inclinarlo, caiga y muera.

---

[6] Este poema, aparecido en *La Gaceta de Cuba*, La Habana, octubre
de 1972, está dedicado al entonces Consejero Cultural de la Embajada
de Chile en La Habana, Gonzalo Rojas, poeta nacido en 1917, autor
de *La miseria del hombre* (1948) y *Contra la muerte* (1964).

EPIGRAMAS

I

Pues te diré que estoy apasionado
por un asunto vasto y fuerte
que antes de mí nadie ha tocado:
Mi muerte.

VII

«¡Al combate corred, bayameses...!»
¿Y por qué no: *corramos?*
(He pensado en esto algunas veces.)

IX

...Pues como te decía,
ese ruido violento
que en tu cabeza escuchas noche y día,
sólo es ¡oh Plinio! viento.

XIV

Siempre de escrúpulos viviste falto.
Hoy diriges un banco en Nueva York.
Nunca pensé que rodaras tan alto.

XVII

Para hacer un poema,
lo importante es saber cómo se hace un poema.
Ya sabes, pues, Orencio, cómo se hace un poema.

XXI

Martí, debe de ser terrible
soportar cada día
tanta cita difusa,
tanta literatura.
En realidad, sólo usted y la Luna.

XXIII

Pienso:
¡Qué raro
que al tiro al blanco
no le hayan puesto *tiro al negro!*

XXVIII

Maravillan
las cosas que hay en este mundo:
ese muchacho zurdo
dejó el abecedario
para enseñar filosofía.

CHE COMANDANTE[7]

No porque hayas caído
tu luz es menos alta.
Un caballo de fuego
sostiene tu escultura guerrillera
entre el viento y las nubes de la Sierra.
No por callado eres silencio.
Y no porque te quemen,

---

[7] Apareció originalmente en *El Mundo* y *Gramma*, La Habana,
19 de octubre de 1967.

porque te disimulen bajo tierra,
porque te escondan
en cementerios, bosques, páramos,
van a impedir que te encontremos,
Che Comandante,
amigo.

Con sus dientes de júbilo
Norteamérica ríe. Mas de pronto
revuélvese en su lecho
de dólares. Se le cuaja
la risa en una máscara,
y tu gran cuerpo de metal
sube, se disemina
en las guerillas como tábanos,
y tu ancho nombre herido por soldados
ilumina la noche americana
como una estrella súbita, caída
en medio de una orgía.

Tú lo sabías, Guevara,
pero no lo dijiste por modestia,
por no hablar de ti mismo,
Che Comandante,
amigo.

Estás en todas partes. En el indio
hecho de sueño y cobre. Y en el negro
revuelto en espumosa muchedumbre,
y en el ser petrolero y salitrero,
y en el terrible desamparo
de la banana, y en la gran pampa de las pieles,
y en el azúcar y en la sal y en los cafetos,
tú, móvil estatua de tu sangre como te derribaron
vivo, como no te querían,
Che Comandante.
amigo.

Cuba te sabe de memoria. Rostro
de barbas que clarean. Y marfil
y aceituna en la piel de santo joven.
Firme la voz que ordena sin mandar,
que manda compañera, ordena amiga,
tierna y dura de jefe camarada.
Te vemos cada día ministro,
cada día soldado, cada día
gente llana y difícil
cada día.
Y puro como un niño
o como un hombre puro,
Che Comandante,
amigo.

Pasas en tu descolorido, roto, agujereado traje de
    campaña.
El de la selva, como antes poderoso
fue el de la Sierra. Semidesnudo
el poderoso pecho de fusil y palabra,
de ardiente vendaval y lenta rosa.

No hay descanso.
                    ¡Salud, Guevara!
O mejor todavía desde el hondón americano:
Espéranos. Partiremos contigo. Queremos
morir para vivir como tú has muerto,
para vivir como tú vives,
Che Comandante,
amigo.

GUITARRA EN DUELO MAYOR

I

Soldadito de Bolivia,
soldadito boliviano,
armado vas de tu rifle,
que es un rifle americano,
que es un rifle americano,
soldadito de Bolivia,
que es un rifle americano.

II

Te lo dio el señor Barrientos,
soldadito boliviano,
regalo de míster Johnson
para matar a tu hermano,
para matar a tu hermano,
soldadito de Bolivia,
para matar a tu hermano.

III

¿No sabes quién es el muerto,
soldadito boliviano?
El muerto es el Che Guevara,
y era argentino y cubano,
y era argentino y cubano,
soldadito de Bolivia,
y era argentino y cubano.

IV

Él fue tu mejor amigo,
soldadito boliviano;
él fue tu amigo de a pobre
del Oriente al altiplano,

del Oriente al altiplano,
soldadito de Bolivia,
del Oriente al altiplano.

V

Está mi guitarra entera,
soldadito boliviano,
de luto, pero no llora,
aunque llorar es humano,
aunque llorar es humano,
soldadito de Bolivia,
aunque llorar es humano.

VI

No llora porque la hora,
soldadito boliviano,
no es de lágrima y pañuelo,
sino de machete en mano,
sino de machete en mano,
soldadito de Bolivia,
sino de machete en mano.

VII

Con el cobre que te paga,
soldadito boliviano,
que te vendes, que te compra,
es lo que piensa el tirano,
es lo que piensa el tirano,
soldadito de Bolivia,
es lo que piensa el tirano.

VIII

Despierta, que ya es de día,
soldadito boliviano,
está en pie ya todo el mundo,

porque el sol salió temprano,
porque el sol salió temprano,
soldadito de Bolivia,
porque el sol salió temprano.

IX

Coge el camino derecho,
soldadito boliviano;
no es siempre camino fácil,
no es fácil siempre ni llano,
no es fácil siempre ni llano,
soldadito de Bolivia,
no es fácil siempre ni llano.

X

Pero aprenderás seguro,
soldadito boliviano,
que a un hermano no se mata,
que no se mata a un hermano,
que no se mata a un hermano,
soldadito de Bolivia,
que no se mata a un hermano.

El diario que a diario

Inusitada empresa poética que quiere reproducir varios siglos de historia de un país a través de las páginas de un ficticio periódico, *El diario que a diario* (1972) es un libro inundado por un sentido irónico, pero también por un profundo lirismo.

Utilizando las secciones comunes de un diario (desde los anuncios clasificados hasta los "ecos de sociedad", pasando por los avisos comerciales, los artículos "de redacción", etc.), Guillén logra componer un inmenso cuadro en que se da cuenta del desarrollo de Cuba desde la época colonial hasta el triunfo de la revolución. El humor, como queda dicho, preside el intento, continuando una línea iniciada con *El gran zoo*.

Las particularidades de la obra, incluyendo su presentación gráfica, hacen difícil una selección; hemos tratado, sin embargo, de conservar tanto la estructura original, como los diversos "tonos" que en ella pueden encontrarse.

AVISOS, MENSAJES, PREGONES

Prologuillo no estrictamente necesario

Primero fui el notario
polvoriento y sin prisa,
que inventó el inventario.
Hoy hago de otra guisa:
soy el diario que a diario
te previene, te avisa
numeroso y gregario.
¿Vendes una sonrisa?
¿Compras un dromedario?
Mi gran stock[1] es vario.
Doquier[2] mi planta pisa
brota lo extraordinario.

PROBLEMAS DE PURISMO, [1] Stock, voz inglesa.
[2] *Doquier*, arcaísmo. Mas para nuestra empresa, todo es uno y lo mismo.

LA DIRECCIÓN

PREGÓN PRIMERO

Según que lo han de uso e costumbre,
se ayuntaron en junta e cabildo
los señores Juan Ruiz Calabaza,
Antonio el de Écija, Fernando de Azumbre,
Bernardo Rodeja, Hernán de Sucasa,

Francisco Cartucho e Pero Caramba,
e mandaron a dar un pregón
en públicas plazas e calles,
que todos declaren los cuartos
que para su uso cada uno tobiere,
e con ello se pague lo más que al servicio
del Rey combiniere.

E así se pregona

PREGÓN SEGUNDO

Según uso e costumbre
en reunión del Cabildo fue acordado:
Que las sendas que salen de la paya
se cierren e no haya
habitante ninguno tan osado
de las abrir, pues ha llegado aviso
de que este pueblo e villa
recuestado e robado
de piratas franceses
fue, e que por mas de un punto penetraron;
si es español, so pena
de que pague mil pesos
para gastos de guerra,
o recibir azotes hasta cien
si acaso desta plata careciera;
si negra libre fuera,
o mulata tal vez o mero esclavo,
que sea desjarretado
de un pie; si fuese indio, que trabaje
en la obra del Fuerte un año entero.
Así sea pregonado, así se diga
en la plaza e las calles desta villa.

Oh tiempos iniciales
en que la vida se pagaba en pesos y en reales.
cuando no, con azotes

de fuetes que eran como calabrotes;
y de las entrepiernas de hembras baratas
caían los frutos de las rudas *cañonas*,
(cubanismo: bravatas)
que daban los señores en celo
bien repletos de hormonas,
en camas y tarimas, sin olvidar el suelo,
a las esclavas negras y mulatas;
tiempos en fin de cuando
la Virgen del Rosario,
amiga del vecindario,
bajaba de su altar a espantar la viruela,
cumpliendo un previsor
acuerdo extraordinario
del Cabildo reunido siempre en vela,
ojo avizor...

¡Santo, santo, santo!
¡No más viruela, oh Virgen, por favor!
¡Santo, santo, santo!
¡No más viruela, oh Virgen, por favor!
¡Santo, santo, santo!
¡No más viruela, oh Virgen, por favor!
¡Cúbrenos con tu manto,
¡no más viruela, oh Virgen, por favor!

Aviso contra la culebrilla. Según informe presentado por el Alcalde Ordinario, una imponente festividad va a ser hecha en hornor de San Antonio Abad, por la epidemia o enfermedad de la culebrilla que se ha experimentado en el ganado de cerda (puercos) con grave daño para el dicho ganado. Esta festividad estará presidida por el señor Dr. Don José Manuel Mayorga, Maestro de Cremonias de la pontificia y real Universidad de San Jerónimo.

Aviso contra muertes súbitas. Se confirmó en Cabildo reunido al efecto de la grave epidemia que se está padeciendo en esta ciudad, de que se experimentan muertes casi repentinas. Acordóse una pública rogativa por la salud común, acudiendo a la Piedad Divina para que alivie y mejore lo nocivo de estas enfermedades. Procesión (que será muy del agrado del Señor) el segundo sábado de este mes. Se ruega aportar hachones.

OTRAS ADVERTENCIAS Y CUIDADOS ACERCA
DE GRAVES MALES Y ANDANZAS QUE
AFLIGEN A ESTA CIUDAD, EN LA PRÓXIMA
ENTREGA EL LECTOR HALLARÁ

ESCLAVOS EUROPEOS

ADVERTENCIA IMPORTANTE

Es sorprendente la semejanza que existe entre el texto de estos anuncios y el lenguaje empleado por los traficantes en esclavos africanos (negreros) para proponer su mercancía. Forzados por la costumbre general aceptamos su publicación, no sin consignar la repugnancia que tan infame comercio produce en nuestro espíritu.

Sobre la venta y compra de esclavos, jóvenes y en perfecta salud, y también acerca de fugas de los mismos, su cambio por objetos de interés vario, así en la vida pública como familiar:

VENTAS

Véndese un blanco joven, calesero
de una o de dos bestias;
general cocinero

246

y más que regular repostero.
Impondrán
en casa de D. Pedro Sebastián,
al 15 ½ de Teniente Rey,
donde además se arrienda un buey.

Dos blancas jóvenes por su
ajuste: en la calle de Cuba
casa N.º 4 impondrán.

Blanca de cuatro meses de parida, sin un rasguño ni
una herida, de buena y abundante leche, regular lavan-
dera, criolla cocinera, sana y sin tacha, fresquísima mu-
chacha: EN 350 PESOS LIBRES PARA EL VENDEDOR, EN LA
CALLE DE LA PALOMA, AL N.º 133.

Una pareja de blanquitos, hermanos de 8 y 10 años, ma-
cho y hembra, propios para distraer niños de su edad.
También una blanquita (virgen) de 16. En la calle del
Cuervo, al 430, darán razón y precio.

CAMBIO

Se cambia un blanco libre de tacha
por una volanta de la marca Ford
y un perro.
Casa Mortuoria de la Negra Tomasa,
junto al Callejón del Tambor
(segunda cuadra después de la plaza)
darán razón.

FUGA

Ha fugado de casa de su amo
un blanco de mediana estatura,
ojoz azules y pelo colorado,
sin zapatos,
camisa de listado
sobre fondo morado.
Quien lo entregue
será gratificado.
San Miguel, 31,
estramuros,
casa que llaman del Tejado.

ACTO DE JUSTICIA

El blanco Domingo Español será conducido el viernes
próximo por las calles de la Capital llevando una navaja
colgada al cuello, misma con que causó heridas a sus
amos, un matrimonio del que era esclavo. Le darán
ciento cincuenta azotes de vergüenza pública, y cincuenta
más en la picota situada en la calle de este nombre.
Después que sane del látigo será enviado a Ceuta por
diez años.

SONETO

La aldea es ya ciudad, mas no por ello
se piense que dejó de ser aldea:
en las calles el pueblo caga y mea
sin que el ojo se ofenda ni el resuello.

Paciencia hay que tener más que un camello
con el agua podrida y la diarrea,
y quien de noche ingenuo se pasea
a escondido puñal arriesga el cuello.

Moscas, mosquitos, ratas y ratones,
polvo hecho fango, charcas pestilentes,
fiebres malignas, chancros, purgaciones,

contagio son de bestias y de gentes,
bajo un sol de ladrones y gritones
y una luna de dientes relucientes.

INTERLUDIO[1]

(Fragmentos de poemas célebres)

Con diez coñones por bonda
vianto en pipa a toda bula,
no carta el mer, sino viula
un bularo bergantón:
Bajol pireta que lloman
por su bravara «El Temodo»,
en tido el mer conosodo
del ino al etro confón.

[1] Teda semejonza con Espronzuda es fortuota.

SIC TRANSIT...

Soneto con pequeño estrambote.

Tanta pechera y pergamino
señor Comendador qué honor
al final o a medio camino
briznas al viento no más son

Oh qué penacho peregrino
(alguien sin duda se lo dio)

Pausa de 15
segundos a
un año

Ahora sin penacho vino
(Quien se lo dio se lo quitó)

Se sabe que una ventolera
soplando a veces levantó
en un gran golpe a Juan Ripiera

Mas cuando el viento se aquietó
guay pergamino y guay pechera
y guay señor Comendador
qué honor.

LLANTO DE LAS HABANERAS

Está es, señor, fúnebre tragedia que lloramos
las habaneras fidelísimas vasallas,
cuyo poder mediante Dios rogamos
para que por la paz o por la guerra,
por tratados tal vez o por batallas
logremos el consuelo en nuestra tierra
de ver en breve tiempo aquí fijado
el pabellón de Vuestra Majestad.
Esta sola esperanza nos alienta
para no abandonar la patria y bienes,
estimando, añorando el suave yugo
del vasallaje en que nacimos.

FIN DEL LLANTO

A pesar de la pública aversión que en todas ocasiones se manifestaba, la conducta de aquel general en el breve tiempo de su mando fue propia de un Lord de su país. Hubo suplicios y lástimas que deplorar que fueron indispensables, porque muchos soldados ingleses habían sido asesinados en el campo, y fuera injusto no castigar a los homicidas.

50 negros pasados a cuchillo

figura la prisión y deportación del Obispo Pedro Agustín Morell de Santa Cruz.

¿Puede calificarse de abusivas y tiránicas esas medidas que a la Iglesia impuso el Conde y de atropello la orden? Se introdujeron algunos millares de esclavos africanos que reanimaron la agricultura.
Han pedido... tenemos no obstante que para inde... su conducta se dibuje...con perspectiva...algún denigrante... concepto los havaneros...y su impericia y...los lances de una en

LAS MUCHACHAS DE LA HABANA
NO TIENEN TEMOR DE DIOS
Y SE VAN CON LOS INGLESES
EN LOS BOCOYES DE ARROZ

sirvió de provechosa enseñanza. En tan breve intervalo cerca de un millar de embarcaciones comerciales.

Que queriendo Su Majestad evitar las cizañas que pueden ocasionar después de una Guerra las delaciones sobre infidencias, ha resuelto que ningún tribunal pueda admitirlas.

251

AVISO A LA POBLACIÓN

Para el 6 del presente mes de julio, en la tarde, está prevista la entrada a esta noble y siempre fiel ciudad del nuevo Capitán General Excmo. Señor Conde de Tecla. El Conde de Tecla se halla desde el 30 del pasado junio ocupando una casa de campo de estramuros de la ciudad, y en ella se preparó para la toma de posesión.

De acuerdo con lo que se sabe, la toma de posesión del Conde de Tecla comprenderá diversos actos públicos, tales como las campanas de todas las iglesias echadas a vuelo y una procesión del Ssmo. Sacramento que recorrerá en acción de gracias la extensión de la plaza de Armas, según la costumbre católica. El 7 del actual mes, el nuevo Capitán General recibirá el bastón de mando, y jurará el cumplimiento de su cargo. Se espera que Su Excelencia pronuncie un discurso congratulatorio para todos, en primer término la ciudad y Cabildo, justicia y regimiento de la Capital por su conducta durante el sitio, con la esperanza de no volver a la dominación de los herejes.

CÓLERA

Es útil leer
lo que ha escrito del cólera morbo
Monsieur Robespierre.
Evite ese mal
por la módica suma de un real,
precio del folleto que todo lo explica
y vende el librero Palmer.

(Ítem, en la receptoría de papel sellado a cargo de Don Ant? de Noroña, calle de la Muralla segunda cuadra a la derecha entrando por la Plaza Vieja; y estramuros en casa de Henri Bordeaux llamado El Francés, plazuela de la Salud frente al campanario viejo de Guadalupe.)

GANADO

Consejos y avisos a los hacendados
acerca de vacas y toros y yeguas y otros ganados:
Viniendo de Francia e instalado aquí
los da Monsieur Roche, graduado en París.

HOTELES, FONDAS Y RESTAURANTES

L A   F L O R   D E   F R A N C I A

GRAN FONDA DE
MADAME BOBISEUX DE BINARD
Recién llegada de París

Con posada, aunque (dicho sea con respeto) sin bidel. Cuatro reales el almuerzo y seis la comida. Servido el primero a las 8 ½ de la mañana y la segunda a las 3 ½ de la tarde. Los mejores platos en las mejores mesas; las mejores mesas en la mejor fonda. La mejor fonda, etc. Contamos con el mejor cocinero de nuestro tiempo, el mismo que alimentó durante muchos años el delicado estómago del Delfín y de S. A. R. el infante de España don Fcº de Paula (y Romero).

Pasa a la pág. siguiente.

LA GRENOUILLE

MEDICINA

MUEBLES FRANCESES

254

MADAME BARBER

En su tienda «El Tocador». Artículos franceses
exclusivamente en la Calzada de San Luis
Gonzaga al núm. 12

MADAME BUELTA

Refrescos

Paseo de Colón al comienzo.

LIBRERÍA: NOVEDADES FRANCESAS[1]

Dictionaire de la Musique, 2 tomos. *Histoire de France*,
1 tomo. *Oeuvres* de Molière, con preciosos grabados, 1
tomo. *Lettres* de Leoni, 1 tomo. Chopin, *Études;* los
dos tomos de la *Anatomía de Bayle; Lettres de Mon Mou-
lin*, de Alphonse Daudet, 1 tomo, Lamerre editeur, París;
tomo V de *Les Contemplations*, de Victor Hugo con vi-
ñetas; *Études sur la Littérature et les moeurs angloamé-
ricains au XIXème siècle*, par Philarete Chasles, París,
Amyot, rue de la Paix; *Biographie de Béranger*, Perrotin,
París.

[1] Se ruega atentamente disimular cualquier anacronismo.

CHEZ GAMBOA

Mantecado y nevado de
frutas. Agua fría todo el año.

¡COMO EN PARÍS!

255

PERFUMERÍA CUBANA

Tuétano de oso y león para fortalecer el cabello. Miel de la Reina de Inglaterra, recomendada por su perfume.

EL RAMILLETE GALO

GRAN HOTEL «PANORAMA»

Contamos hasta con veinte habitaciones. Todo très chic. Quinqués y lámparas astrales en cada una.

Terraza
parque
museo;
bosques
amor:

No hay ningún freno al deseo.
Mariposa de flor en flor.

Espacio libre y adecuado para situar quitrines y volantes del 27 de junio al 1.º de setiembre. Téléphone: pas encore. Cocina francesa.

Sierra Nubosa

Gran hotel y restaurant
francés

LE MANOIR DU LAURIER

Cocinero traído expresamente de París. Aux portes de la
capitale. Mesa redonda todas las mañanas, a las 8 ½.
Jamón de Westfalia. Salchichón de Hamburgo. Tocineta
de Filadelfia. Tasajo de Cayo Romano. Plateau de fromages.

BAILES: DOMINGOS Y DÍAS FESTIVOS
BIDELES DE CAOBA CON VASO DE LOZA
¡AGUA ABUNDANTE!

SANGUIJUELAS CON GUAYABA

Sanguijuelas de la Laguna
de Panda

Guayaba de Puerto del
Príncipe.

«EL TRIANÓN» JUNTO A LA LONJA

AGUA DE BOLLO

Obtenida del mejor maíz

«LA MARSELLESA»

ESQUINA DE MERCED Y HABANA

EL GALLO TRANSPARENTE

Gran almacén de música. Partituras (inéditas) de Beethoven. Cacharros para música sincreta, concreta y excreta. 5 Ave. Oberon.

BÚSQUEDA DE UN DIRECTOR GENERAL

El grupo más importante del Cartón Ondulado (industria francesa) busca con ahínco a un director general que sea dinámico y elegante. El hombre que deseamos encontrar deberá tener más de cinco años de experiencia en el Cartón Ondulado y un año o dos de vendedor del expresado cartón. ¡¡¡Ofrecemos una situación interesante en un grupo de primer plano!!! Curriculum vitae, fotos serio y sonriente (naturaleza de la dentadura). No más de 35 años de edad. ¿Ha dirigido alguna vez un equipo de estafadores?

CARTÓN ONDULADO, S. A.

DICCIONARIO DE LA RIMA

Se vende un diccionario de la rima (Editorial Fallières) con una rima en *olmo* (colmo) en buen estado, y tres en *uvia* (alubia, lluvia, rubia). Se puede ver todas las tardes (hábiles) de 3 a 6. Conejos, 15. Preguntar por Inés[1].

---

[1] Hemos visto este léxico. No se trata de un diccionario de la rima propiamente, sino de un diccionario normal —un PALLAS— que tiene, eso sí, uno de la rima al final de sus páginas (1485-1593).

GRAN TEATRO TACÓN

DE PASO PARA NUEVA
ORLEANS

FANNY ESSLER

Otra vez en
ESTA CIUDAD

*La conducirá a su hotel,
después de cada función
el Marqués del Carretel.*

¡Sólo ocho funciones, ocho exactamente!
A las 7 de la noche

TOROS

Corrida sobresaliente y divertida en beneficio del segundo espada Juan Voltaire, torero francés. Los espectadores van a tener un rato alegre con las muertes que se ejecutarán, porque Pedro Gutiérrez dará el gran salto por encima de un toro, en otro pondrá las banderillas de nueva invención desde lo alto de un taburete, y por primera vez servirá a este digno pueblo matando el sesto toro. El Beneficiado matará el segundo toro con un par de grillos y el cual se burlará de su fiereza bailando La Cucaracha sobre una mesa al compás de la música con castañuelas[1].

[1] El sentido de este anuncio es oscuro. Sin embargo, a nuestro parecer quiso su redactor decir que el torero, más o menos impedido de movimiento por un par de grillos, llevaría a buen término, aunque no sin riesgo y heroica temeridad, la triste muerte del indefenso animal, no que lo ultimara a grillazos. Por último hubiera sido terriblemente monstruoso que dichos grillos se los pusieran al toro.

RAPÉ- TABACO

No fume, que el tabaco da bronquitis.
El rapé lo va a hacer estornudar.
Pero si acaso el vicio lo domina
rapé y tabacos puede usted hallar:
Tabacos, en L'Étoile,
y en Obispo, rapé del especial.

Nota: Junto con el rapé adquiera por un real fuerte una botella de guarapo legítimo. De venta allí mismo.

Tabacos, Prado 77   —   Rapé, Obispo 41

COOLIES

LEGÍTIMOS DE MACAO

Tan buenos como negros
y
más económicos

INFORMES: DON DOMINGO DE ALDAMA

Agente general en toda la Isla.

PARÉNTESIS

Primero fue de esta manera:
En un lugar de octubre
Céspedes encendió su profunda bandera.
El clarín resonaba.
Ay, por diez años
aquel clarín resonaría.
Todo pasó de madrugada,
y nunca fue la madrugada día.

GOBIERNO Y CAPITANÍA GENERAL DE LA SIEMPRE FIEL ISLA DE CUBA

Turbado el orden público en algunas localidades del departamento oriental de esta isla, pretendiendo trastornar insurreccional y violentamente la manera social de existir de los honrados habitantes de Cuba, que con laboriosidad y a la sombra de la nacionalidad española la han sabido conducir al grado envidiable de properidad en que se encuentra, he considerado como el primero y más alto de mis deberes acudir enérgicamente al restablecimiento de la paz, y con este objeto he dispuesto ocupar militarmente el territorio perturbado, adoptando cuantas medidas conducen al fin que franca y lealmente manifesté en mi alocución del día 11 del corriente, y que pronto serán confirmadas por el gobierno supremo; y siendo congruente a este propósito robustecer la acción firme, eficaz y pronta de la Autoridad Pública, para que el castigo de los que puedan desoír la voz de su deber sea tan ejemplar y ejecutivo como las circunstancias exigen, no siendo éstas sin embargo de tal gravedad que demanden la necesidad de un estado general de excepción que pueda lastimar intereses respetables, y aun preocupar el ánimo de los habitantes leales, cuya tranquilidad, sosiego y libertad precisamente me propongo proteger y asegurar: usando de las facultades que me conceden las leyes vigentes, y con particularidad el Real Decreto de 26 de noviembre de 1867, vengo a decretar lo siguiente:

263

ARTÍCULO PRIMERO. Las comisiones militares establecidas por mi decreto del 4 de enero último, conocerán también desde hoy, con exclusión de toda jurisdicción y fuero, de los delitos de rebelión, traición y sedición.

ARTÍCULO SEGUNDO. Quedan en consecuencia sujetos al juicio y fallo de dichas comisiones todos los que se alzaren públicamente para destruir la integridad nacional; los que con cualquier pretexto se rebelasen contra el gobierno y las autoridades constituidas, o trastornasen de algún modo el orden público; los que redacten, impriman o circulen escritos o noticias subversivas; los que interrumpan las comunicaciones telegráficas; los que detengan o intercepten la correspondencia pública, los que destruyan las vías férreas o pongan obstáculos en los demás caminos públicos para proteger a los revoltosos, los conspiradores o auxiliadores, en fin, de todos estos delitos, sus cómplices y encubridores.

ARTÍCULO TERCERO. En la tramitación de las causas se observarán los términos breves y perentorios marcados en las ordenanzas del Ejército, y en la designación de las penas, las leyes comunes del Reino que rigen en esta provincia.

ARTÍCULO CUARTO. Lo dispuesto en los artículos anteriores no deroga ni modifica los bandos que hayan dictado o dictasen en uso de sus facultades propias o delegadas de mi Autoridad Superior los Gobernadores Militares de los distritos en que la rebelión se ha manifestado o manifestare, a los jefes de las fuerzas que operan en ellas.

ARTÍCULO QUINTO. Estas disposiciones cesarán por medio de una disposición oficial que se publicará en la Gaceta tan pronto como cesen los motivos que me han obligado a dictarlas. Habana, 20 de octubre de 1868. EL CAPITÁN GENERAL, Francisco Lersundi.

PARÉNTESIS

Luego pasó de esta manera:
diversa y ella misma flotaba la bandera.
El clarín otra vez, y ya era día.
Luego pasó de esta manera:
El ciclo azul se abrió rasgado
por la uña extranjera.
Espeso inglés de maquinaria
el rostro de la patria detenia.

...Las últimas noticias que hemos publicado dan por hecho el desembarco del cabecilla Maceo en la playa de Duaba...

> *El ánimo por otra parte se sorprende ante la consideración de que un Guillermón, un Maceo, un Crombet se erijan en paladines de un país cuya cultura los rechaza.*

El país ha protestado con magnífica
unanimidad contra
el crimen separatista... La
nación, con la serenidad de su misericordia,
ofreció el perdón a los arrepentidos.

LLENA DE NOBLEZA EN SU JUSTICIA SÓLO FIRMARÁ ESTA VEZ LA PAZ CON LA PUNTA DE LAS BAYONETAS

LA GUERRA TIENE UN
CARÁCTER RACISTA UN
CARÁCTER RACISTA UN
CARÁCTER RACISTA UN
CARÁCTER RACISTA UN

UNA SUICIDA INTENTONA CUBA RECHAZA LA GUERRA —COSAS DE LOCOS QUE NO DEBEN ANDAR SUELTOS— UN PUEBLO DIGNO QUE BUSCA SU BIENESTAR. NOTICIAS.

...pues los demás jefes de la pasada guerra, que como es sabido son muchos en aquella provincia, no sólo no han tomado parte en el movimiento, sino que lo rechazan, agregando que de los sublevados las siete octavas partes pertenecen a la raza de color.

Ha caído Martí, la cabeza pensante y delirante de la revolución cubana.

La muerte de Maceo ha sido plenamente confirmada.

PIE DE GRABADO

El general Calixto García y el general Ludlow (norteamericano) conferencian después del desembarco de las tropas yanquis. *Foto Ignotus.*

CUBA NO FUE ADMITIDA A LA CONFERENCIA DE PARÍS, A PESAR DE HABER PELEADO POR SU INDEPENDENCIA DURANTE MÁS DE MEDIO SIGLO   (Cintillo a 8 columnas) 1.ª

Manifestaciones populares en toda la Isla contra la Enmienda Platt.

Ultimátum de Estados Unidos a Cuba: Enmienda o nada.

NUESTRA PROTESTA

(Editorial)

ANUNCIAMOS LA INMEDIATA APARICIÓN
DE UN ESTUDIO
COMPLETO DE LA GUERRA HISPANO
CUBANA AMERICANA
CON SUS CAUSAS, DESARROLLO E INTER-
VENCIÓN DEL GOBIERNO DE ESTADOS
UNIDOS EN ELLA
TAMBIÉN EL TEXTO COMPLETO DEL TRA-
TADO DE PARÍS A CUYA FIRMA
NO FUE INVITADA CUBA
Y EL DE LA ENMIENDA PLATT ASÍ COMO
LA PONENCIA EN CONTRA REDACTADA
POR EL SEÑOR JUAN GUALBERTO GÓMEZ
DELEGADO A LA ASAMBLEA
CONSTITUYENTE

LLAMAZARES Y COMPAÑÍA
LIBREROS IMPRESORES. HABANA

UNA OBRA QUE HARÁ ÉPOCA

Querido señor o señora:
Invitamos a usted oficialmente a facilitarnos los datos
sobre su persona, que se incluirán en el presente mo-
delo, destinados a la confección de un nuevo diccionario
biográfico de un prestigio y de una calidad excepcio-
nales, a saber:

WHO'S NOT

Su colaboración será altamente apreciada por todos los
interesados. ¡Veinte mil hombres y mujeres famosos y
eminentes presentados con elegancia insuperable en un
solo volumen!

AUTOS, TRACTORES Y CAMIONES FORD

FORD NO ES UNA PALABRA, ES
UNA INSTITUCIÓN

RESERVADO PARA LA GRAN CARNICERÍA
«THE STAR»

El propietario, el administrador y los
empleados todos de la panadería «The Bread»
desean a usted unas felices Pascuas
y un Año Nuevo tan
próspero como
venturoso

SUSCRÍBASE A NUESTRO DAILY Y ESTARÁ
UP TO DATE

EL AÑO PRÓXIMO, LA SERIE MUNDIAL COM-
PLETA DESDE NUESTRAS PÁGINAS. —CADA
MATCH INNING POR INNING TRASMITIDOS
DIRECTAMENTE DESDE NEW YORK POR PIPI
Y PAPÁ.

REMITIDO

Joven inquieto, desearía correspondencia con alguna jo-
ven de 18 años hasta 30.

Garantizo ÉXITO. La alegría y las ideas modernas de-
ben ser nuestro lema. Un poco atronado, pero RES-
PONDO. Tengo los ojos rubios y el pelo verde. ¡Por
favor!

TIPERRITA

Se ofrece como mecanógrafa señorita cubana de buena
familia, educada en Boston, USA. Ardiente como un cri-
sol de la cabeza a los pies. Habla muy bien el inglés y
no mal el español. En esta imprenta informarán.

DOMÉSTICA

Se busca una muchacha para atender a un niño de dos años. Si no es blanca, o mestiza adelantada, que no se presente. Calle X N.º 60[1]

[1] No hemos podido encontrar la calle X en el Vedado, por lo que suponemos que ya no existe. Pero existía sin duda antes de la Revolución.

ALELUYAS

Por siempre alabado sea
El licor puro de Brea.
  Lo inventó el Dr. González
Hace treinta años cabales.
  Su fama con fuerza vibre
Por tierra de Cuba libre.
  Para los males del pecho
Es lo mejor que se ha hecho.
  Al viejo que tose fuerte
Lo cura y libra de muerte.
  La vieja que sufre asma
Al mejorar se entusiasma.
  Señora, no se haga sorda,
Pruébelo y verá si engorda.
  Balsámico y vegetal,
No reconoce rival.
  Cura bronquios y garganta
Y los catarros espanta.
  De BREA tiene el LICOR
Un agradable sabor.
  Se vende cosa tan rica
De SAN JOSÉ en la BOTICA
  Todo el mundo la conoce
En HABANA ciento doce.

NOTAS DE SOCIEDAD[1]

Por Fradique Fontanals

«On dit...»

Una gentil trigueñita, residente en el aristocrático «faubourg» vedadense, ha sido alcanzada por la dulce flecha de Cupido.

¿Nombre? Imposible.

Nos está prohibido.

No sólo por la más elemental discreción, sino porque el compromiso no es todavía formal.

Sólo sus iniciales.

Que son T. S. H.

Las cuales recuerdan un sistema de lo más inalámbrico de trasmitir noticias.

Tampoco diremos el nombre del afortunado galán, «pitcher» suplente de un afamado «team» de «baseball».

He aquí sus iniciales: P. A. U.

Las mismas de un partido gubernamental que hace unos meses pasó a mejor vida.

Pronto despejaremos la incógnita...
Nada más, sino que nos sentimos «enchantés», como decía el famoso Baudelaire.

* * *

----
[1] Nota del editor: Publicado originalmente en *Hoy*, La Habana 31 de mayo de 1959. Véase también *Prosa de prisa*, págs. 202 y ss.

Hacia el ultramarino pueblo de Regla, de donde seguirán viaje rumbo a la villa de Pepe Antonio, partieron ayer dos «girls» que son el encanto de sus respetabilísimos padres, el acaudalado banquero Don Sinecuro de la Pampa Rescoldo y su señora esposa Doña Minesota T. Frío de la Pampa Rescoldo.

Numerosas amistades acudieron a despedirlas.
En la siempre concurrida y cosmopolita Esquina de Toya. La estancia de las deliciosas «jeunes-filles» será brevísima. «Bon voyage».

* * *

Todavía resuena en nuestros oídos el eco de tan brillante fiesta.

Una noche de «charme», como decía Verlaine.
Era de esperar, tratándose de la opulenta familia Siguanea.

Que desde hace varios años ha establecido su residencia en nuestra turbulenta «city».

Con general beneplácito.

Fue la boda de Cusita, la monísima hija mayor de los esposos Siguanea, que contrajo quintas nupcias, esta vez con el correcto joven Walter Rice Taylor y Pimienta, de la mejor sociedad del Histórico Cayo, como llamamos cariñosamente a Cayo Hueso.

Bajo una iluminación «a giorno», que hacía resaltar sus naturales encantos, se presentó la novia.

Vestida iba con un hermoso traje de «moaré», de color verde-nilo-desmayado.

El velo amarillo huevo (nos referimos a la yema) caía como un sutil niágara de seda sobre las ebúrneas espaldas de la gentil «fiancée».

Tanto el vestido —elegantísimo— como el velo, debidos fueron a las manos del modisto del momento.

Tito Tato, el gran «dessinateur» femenino.

Que se ha anotado un triunfo más.

El joven Walter, naturalmente emocionado, iba del brazo de la feliz mamá, la señora de Siguanea.

Vestía un elegante «smoking» cortado por el simpático Juancho Rizoto, el sastre de los que están a la moda.

La novia, resplandeciente en su delicadísima virginidad, daba el brazo a su señor padre, Don Sinecuro.

Párrafo aparte.

Para el adorno floral de la elegante mansión donde se celebró el fastuoso enlace.

Que es la de los padres de la novia.

Una obra maestra del mundialmente famoso jardín «El Repollo» de los hermanos Lechuguetes.

El ramo de la boda, confeccionado fue por otro jardín, mundialmente célebre también.

No citaremos su nombre, sin embargo, en virtud de una orden expresa de nuestro Administrador, siempre tan correcto.

Leída que fue la Epístola de San Pablo a los distinguidos contrayentes, la feliz pareja partió hacia Miami, donde pasará la luna de miel.

Pero la fiesta prosiguió, entre oleadas de «champagne», rubio y espumoso, de la acreditadísima marca «Poison», que representa con exclusividad para toda la República nuestro particular amigo Rufo Raffo.

Delicadísimo el siempre bien afinado conjunto del maestro Roncesvalles.

Infaltable en las reuniones de la «high-life».

Nuestros votos.

Consignados sean con toda sinceridad.

Por la ventura eterna de los ya felices esposos, que han visto coronados sus dulces sueños «d'amour».

Y un pronto regreso a nuestra «ville», donde se verán de nuevo agasajados por los numerosos miembros de su «entourage».

Como decía Montesquieu.

* * *

Ayer recibió las regeneradoras aguas del Jordán, el robusto e inteligente niño Jamelgo Peplo —como quedó consagrado— décimo cuarto «enfant» del infatigable matrimonio formado por Doña Insistencia de las Mercedes Rejo y Don Resignado Peplo.

Con tan simpático motivo, se sirvió en casa de los esposos Peplo Rejo un magnífico «buffet», procedente del ya clásico restaurant-cafetería «La Mesa».

¡Felicidades, «petit ami»!

* * *

Nota de duelo.

Ha dejado de existir, confortado por los auxilios de la Santa Madre Iglesia Católica Apostólica Romana y después de recibir la Bendición Papal, el correcto, honorable y generoso «gentleman» Don Aparicio Pasonte, Marqués del Cheque, que de tanta simpatía gozó siempre en nuestra mejor «societé».

Según es sabido, Don Apa, como afectuosamente llamábamos al Marqués sus amigos, sufrió un agudo ataque de traidora enfermedad, que le afectó el cerebro, con motivo de las últimas distribuciones terráqueas y en lo tocante a los tradicionales y siempre bien recibidos préstamos con interés.

Que en él era bajo, como es de todos conocido.

Esto le captó numerosas simpatías entre los funcionarios de distintos Ministerios, donde también ha sido lamentadísima su temprana desaparición.

Mañana, a las 9 a. m., tendrá efecto el acto de su sepelio.

Tanto el tendido como la conducción del cadáver al lugar de su eterno descanso, correrán a cargo de la acreditada funeraria «La Preferida».

Hasta la inconsolable viuda de Don Aparicio y todos los familiares del extinto, especialmente su hijo Aparicito, dueño de la magnífica farmacia «La Aspirina», hacemos llegar nuestro más sentido pésame.

Descanse en paz, como decía Walter Johnson.

JEFATURA DE LA POLICÍA NACIONAL

Se hace saber:

Que con motivo de la visita a La Habana del Hon. Calvino Cooleriche, presidente de los Estados Unidos de América, queda terminantemente prohibida cualquier demostración hostil al ilustre huésped, gran amigo de Cuba, así como toda alusión a la Enmienda Platt, a la Estación Naval de Guantánamo, a la zafra azucarera o en general a las inversiones de ciudadanos de Estados Unidos en nuestro país. Estos hechos se considerarán atentatorios no sólo a las reglas de la más elemental cortesía y buena vecindad, sino a las relaciones amistosas que tradicionalmente han existido entre nuestra pequeña isla y el coloso del Norte, e implicarán penas de multa o de prisión, o ambas a la vez.

LA QUINCALLA DEL ÑATO agujas de coser y de máquina papalotes bolas de cáñamo para los mismos alfileres de cabecita alfileres de criandera botones cintas de variado ancho chancletas de palo para el baño frazadas de piso cepillo y pasta de dientes chicles chambelonas brillantína sólida y líquida hilo blanco y de color salfumán y creolina perfume de siete potencias flores de papel mejores que las legítimas postales iluminadas sellos de correo peinetas tijeritas peines antina para zapatos blancos esponjas grandes y pequeñas torticas de Morón serpentinas y confetis esmalte de uñas ojetes palos de trapear oraciones entre ellas la de San Luis Beltrán para el mal de ojò la de San Judas Tadeo la del Justo Juez bombillas eléctricas velitas de Santa Teresa la oración del Ánima Sola redecillas para el pelo calcetines masa real crocante de maní y ajonjolí caballitos de queque encajes y broderíes agujas de tejer estropajo de aluminio y de pita talco hebillas para cinturones y para el pelo papel de carta y sobres calcomanías lápices Mikado cordones de zapatos blancos y amarillos betún almohadillas de canevá cartilla de la última edición libro de cuentos para colorear pachulí coladores de café y de leche papel para trabajos manuales puntos de pluma caretas y antifaces papel secante papel crepé papel higiénico papel de lija elásticos de todos los anchos bloomers y ajustadores aceite de máquina tres en uno calzoncillos y camisetas flit clavos tornillos y tuercas puntillas tira flechas acuarelas abanicos pencas chinas y de guano poleas para mámáquinas de coser polvo jabones de olor bolitas de vidrio monederos aretes collares agua florida de Cananga cinta de hiladillo pulsos prendedores filarmónicas sortijas chinelas carátulas tiza blanca y de color pomos de tinta de escribir negra azul y morada barajas españolas y americanas dijes moteras creyones de labios dedales almanaques creyones para las cejas zippers goma de pegar y de borrar pizarritas juegos de yaquis brochas y navajitas de afeitar palitos de tendedera billetes de lotería piedras para fosforeras boquillas de hueso para cigarros palillos de dientes pelotas de goma trompos piedra imán con limalla.

BATISTAFIO

Cuba, fértil provincia y señalada
en la de cáncer luz maravillosa;
por su dulzor de caña respetada
y por fuerte, serena y poderosa:
Como sin ti, señora, el todo es nada,
o al menos viene a ser muy poca cosa,
el general (¡salud!) que todo era,
a ser nada volvió como cualquiera[1].

[1] Cualquier parecido o identidad de estos versos con los de otros poetas (así sea el poderoso don Alonso de Ercilla, o nuestro Plácido) es pura coincidencia.

28 DE ENERO

DESFILE POPULAR Y GRAN ACTO
DE MASAS

A LAS 9 DE LA NOCHE

¡ASISTA!   ¡ASISTA!

Sepa cómo impedir a tiempo, con la independencia de Cuba, que se extiendan por las Antillas los Estados Unidos y caigan con esa fuerza más sobre nuestras tierras de América.

HABLARÁ JOSÉ MARTÍ

AVISO

Acaba de aparecer «La Historia me absolverá». Un volumen en cuarto, artísticamente impreso, con fotos y documentos inéditos.

HAY UN EJEMPLAR PARA USTED

Editorial Moncada.

FINAL

Luego pasó de esta manera:
Su gran frente sombría
sintió arder el Turquino.
La sangre en rudas oleadas vino
a tocar a la puerta de otro día.
Luego pasó de esta manera:
Céspedes sonreía.
Flotaba la bandera.
Alta y sola flotar se la veía.

Todo fue así, de esa manera,

Poemas no recogidos en libro

Bajo el título de *Poemas no recogidos en libro* presentamos aquí composiciones de muy distinta data, sin otro rasgo común que el no haber sido publicadas por el autor en volumen.

Se cuentan entre ellas poemas que integraban el libro *Cerebro y corazón*, que permaneció inédito hasta 1965, cuando Ángel Augier lo publicó como apéndice de su fundamental estudio consagrado a Nicolás Guillén (vid. *Bibliografía)* y que contiene textos excritos hasta 1922, algunos de los cuales fueron publicados en diarios y revistas de la época, sin que el autor se decidiese a editarlos en conjunto (vid. *Introducción).*

Hemos recogido también otros poemas de la época anterior a *Motivos de son*, que, sin estar incluidos en *Cerebro y corazón*, continúan de alguna manera ese libro, si bien establecen una especie de puente hacia la producción posterior del cubano.

Constan además algunos textos de sátira política que Guillén publicó regularmente en 1949 y entre 1952 y 1953, en el periódico *Hoy* de la capital de Cuba. Se trata de décimas, forma de la poesía popular en toda América hispánica, que, a pesar de su especie de pie forzado, muestran una faceta interesante de la producción del autor.

Finalmente recogemos otros textos, de fechas posteriores, que tampoco fueron integrados en ninguno de los libros del cubano, hasta que la edición de su *Obra poética* completa los puso a disposición de los lectores.

En todos los casos ofrecemos a pie de página las notas pertinentes para la ubicación de los poemas en el contexto cronológico de la obra del autor.

JARDÍN[1]

I

Igual que un mustio lirio en un florero
la tarde se desmaya en el ocaso,
donde por fin ha detenido el paso[2]
el sol, como un cansado caballero.

La nívea plata del primer lucero
rueda en el raso del azul escaso,
cual si quisiera, en el nocturno raso,
poner la gloria del fulgor primero.

Con un temblor de castos madrigales[3]
sobre la urdimbre astral de los rosales
Céfiro afina su divina flauta,

y bajo la tupida enredadera
un fauno de granito en vano espera[4],
ebrio de aromas, a la ninfa incauta.

---

[1] Apareció originalmente en *Orto*, Manzanillo, Cuba, 27 de marzo de 1921. No fue recogido en libro hasta la edición de la obra de Ángel Augier, *Nicolás Guillén*. (Vid. *Bibliografía.)*

[2] En 1921: en donde al fin ha detenido el paso

[3] En 1921: Con su temblor de blancos madrigales

[4] En 1921: en vano un fauno de granito espera

II

En el jardín (donde su níveo velo
la luna prende en el follaje arcano)
también yo aguardo la piadosa mano
que ha de sanar mi agudo desconsuelo.

Pero es inútil mi mortal desvelo,
porque el amor que espero está lejano,
como el lejano amor que espera en vano
el pétreo fauno que dormita en celo.

Así, cuando la seda de la tarde
en las inciertas lontananzas arde[5]
y el primer astro su fanal enciende,

la queja cruel de mi dolor musito
junto al grotesco fauno de granito,
¡porque yo sé que el fauno me comprende!

SOL

El gran balcón de la Aurora
se ha abierto de par en par:
nuestro amigo el sol, ahora
al balcón se va a asomar.

Asoma su faz rojiza
con alcohólico estupor
y en el cielo de ceniza
prende su ígneo resplandor.

---

[5] En 1921 este verso y el anterior dicen:
"Por eso cuando el paso de la tarde
en las dormidas lontananzas arde

Y este sol que ahora derrama
hilos tenues de luz fría,
será sangrienta oriflama
cuando asome su alta llama
al balcón del Mediodía.

Y después, de luz escaso,
de resplandores desnudo,
hundirá su rojo escudo
en el vaso
negro y mudo
del ocaso.

A RUBÉN DARÍO[6]

Señor Rubén Darío: ¿qué arcaicas mariposas
tejieron sus ensueños de luz en tu pensil?
¿Qué céfiro le dijo rondelas a tus rosas?
¿Qué fuente fue tu fuente de plata y de marfil?

Tu bosque tuvo un coro de ninfas prestigiosas
que puso en tus sonatas su cántico gentil
y en tu rosal, cuajado de flores luminosas,
gimió perennemente sus músicas Abril.

Yo he visto en mis delirios tus pálidos jardines
y he oído el coro ilustre de líricos violines
que desgranaba en ellos sus ritmos de cristal.

Señor Rubén Darío: por eso es que mi lira
también tiene en sus cuerdas la cuerda que suspira
con el temblor alado de un blanco madrigal.

---

[6] Aparecido originalmente en *Orto*, Manzanillo, Cuba, el 19 de
diciembre de 1920, este poema tiene importancia por reflejar las in-
fluencias presentes en la primerísima poesía de Guillén. Cfr. "Arte
poética" en *La paloma de vuelo popular*, segunda estrofa.

AL MARGEN DE MIS LIBROS DE ESTUDIO[7]

I

Yo, que pensaba en una blanca senda florida,
donde esconder mi vida bajo el azul de un sueño,
hoy pese a la inocencia de aquel dorado empeño,
muero estudiando leyes para vivir la vida[8].

Y en vez de una alegría musical de cantares,
o de la blanca senda constelada de flores,
aumentan mis nostalgias solemnes profesores
y aulas llenas de alumnos alegres y vulgares.

Pero asisto a las clases puntualmente. Me hundo
en la enfática crítica y el debate profundo:
Savigny, Puchta, Ihering, Teófilo, Papiniano...

Así llenan y cubren esta vida que hoy vivo
la ciencia complicada del Administrativo
y el libro interminable del Derecho Romano.

II

Luego, en el mes de junio, la angustia del examen.
Pomposos catedráticos en severos estrados,
y el anónimo grupo de alumnos asustados
ante la incertidumbre tremenda del dictamen[9]

que juzgará el prestigio de su sabiduría...
Aplaudir aquel triunfo que talento pregona,

---

[7] Publicado originalmente en *Orto*, Manzanillo, Cuba el 31 de julio de 1922, estos sonetos fueron publicados, con variantes, en noviembre de ese mismo año (*Alma Mater*, La Habana), en mayo de 1923 (*Lis*, Camagüey, Cuba) y en marzo de 1929 (*Diario de la Marima*, La Habana.)

[8] En 1922 (*Orto*), este verso y el anterior decían: .
      hoy pese a aquel propósito castamente risueño
      estudio Leyes para poder vivir mi vida.

[9] En 1922 (*Orto*):
      ante la incertidumbre terrible del dictamen

y mirar cómo a veces el dictamen corona
con un sobresaliente una testa vacía.

Deshojar cuatro años esta existencia vana[10],
en que París es sueños y es realidad La Habana;
gemir, atado al poste de la vulgaridad,

y a pesar del ensueño de luz en que me agito[11],
constreñir el espíritu sediento de infinito
a las angostas aulas de una Universidad.

III

¿Y después? Junto a un título flamante de abogado,
irá el pobre poeta con su melancolía
a hundirse en la ignorancia de alguna notaría
o a sepultar sus ansias en la paz de un juzgado.

Lejos del luminoso consuelo de la rosa,
de la estrella, del ave, de la linfa, del trino,
toda la poesía de mi anhelo divino
será un desesperante montón de baja prosa.

Y pensar que si entonces la idealidad de un ala
musical en la noche de mi pecho resbala
o me cita la urgente musa del madrigal,

tendré que ahogar, señores, mi lírica demencia
en los considerandos de una vulgar sentencia[12]
o en un estrecho artículo del Código Penal...

---

[10] En 1922 *(Orto)*:
        vivir cuatro años esta vida común y vana
[11] En 1922 *(Orto)*:
        ¡y a pesar del anhelo de luz en que me agito!,
[12] En 1922 *(Orto)*, este verso y los dos anteriores decían:
        o me cita la blanda Musa del Madrigal,
        ¡tendré que ahogar, Dios mío, mi lírica demencia
        en los considerandos de una larga sentencia.

TU RECUERDO[13]

Siento que despega tu recuerdo
de mi mente, como una vieja estampa;
tu figura no tiene ya cabeza
y un brazo está deshecho, como en esas
calcomanías desoladas
que ponen los muchachos en la escuela
y son después, en el libro olvidado,
una mancha dispersa.

Cuando estrecho tu cuerpo
tengo la blanda sensación de que está hecho de estopa.
Me hablas, y tu voz viene de tan lejos
que apenas puedo oirte. Además, ya no te creo.
Yo mismo, ya curado
de la pasión antigua,
me preguntó cómo fue que pude amarte,
tan inútil, tan vana,
tan floja que antes del año
de tenerte en mis brazos
ya te estás deshaciendo
como un girón de humo
y ya te estás borrando como un dibujo antiguo,
y ya te me despegas en la mente
como una vieja estampa!

---

[13] Apareció en *Orto*, Manzanillo, Cuba, el 31 de agosto de 1927.

FUTURO[14]

Acaso vengan otros hombres
(blancos o negros, para el caso es igual)[15]
más poderosos, más resueltos,
que por el aire o sobre el mar
nos desbaraten nuestros aeroplanos
y nos impongan su verdad.

¡Quisiera ver a los americanos!
Ellos, que nos humillan con su fuerza,
modernos incas, nuevos aztecas, ¿qué harán?
Como los viejos indios, trabajarían
en las minas para el nuevo español,
sin pershing y sin lindbergh
·y hasta sin Nueva York,
comiendo sándwiches con los conquistadores[16]
y empujándolos en sus rolls-royces.

ELEGÍA MODERNA DEL MOTIVO CURSI[17]

No sé lo que tú piensas, hermano, pero creo
que hay que educar la Musa desde pequeña en una
fobia sincera contra las cosas de la luna,
satélite cornudo, desprestigiado y feo.

Edúcala en los parques, respirando aire libre,
mojándose en los ríos y secándose al sol;
que sude, que boxée, que se exalte, que vibre,
que apueste en las carreras y que juegue hand ball.

---

[14] Apareció en *Orto*, Manzanillo, Cuba, el 15 de octubre de 1927, con el título de "Apunte". Es importante por el sentido antiimperialista que ostenta, de tan gran importancia en la posterior lírica guilleneana.

[15] En 1927: blancos o negros (¿que más da?)

[16] En 1927: haciendo sandwiches para los conquistadores

[17] Publicado originalmente en la revista *Social*, La Habana, septiembre de 1931, este poema es una de las primeras "Poéticas" de Guillén (Cfr. *Introducción*).

Tú dirás que el consejo es pura "pose" ¿no es eso?
Pues no, señor, hermano. Lo que ocurre es que aspiro
a eliminar el tipo de la mujer-suspiro,
que está dentro del mundo como un pájaro preso.

Por lo pronto, mi musa ya está hecha a mi modo,
Fuma. Baila. Se ríe. Sabe algo de derecho,
es múltiple en la triste comunidad del lecho
y dulce cuando grito, blasfemo o me incomodo.

Por otra parte, cierro mi jardín de tal suerte
que no hay allí manera de extasiarse en la Luna.
(Por la noche, el teatro, el cabaret, o alguna
recepción...) Y así vivo considerado y fuerte.

ODAS MÍNIMAS[18]

Regreso

Hoy
tengo ganas de cantar:
"al ánimo, al ánimo,
la fuente se rompió..."

O si no:
"matandile, dile, dile,
matandile, dilendó..."

Hoy
tengo ganas
de volver a empezar!

---

[18] Publicados originalmente en *Diario de la Marina*, La Habana,
27 de junio de 1930.

Mar

Ahora
está inédito,
nuevo,
sin estrenar,
el Mar.

Propósito

Esta noche,
cuando la Luna salga
la cambiaré en pesetas.

Pero me dolería que se supiera,
porque es un viejo
recuerdo
de familia.

JUSTICIA

Jesús Menéndez reclama
cárcel para el asesino
que a manchar de sangre vino
la proletaria oriflama.
Con su voz potente llama,
alza la cabeza fuerte,
y al pueblo cubano advierte
que es injusticia bien grande
que aún entre los hombres ande
el chacal que le dio muerte[19].

---

[19] Jesús Menéndez, líder sindical del azúcar, asesinado por el capitán Joaquín Casillas Lumpuy, que no fue castigado por el crimen. La figura del dirigente obrero y su muerte inspiraron a Guillén la "Elegía a Jesús Menéndez" (Vid. supra, *Nota introductoria* a las "Elegías").

COPLAS DE JUAN DESCALZO[20]

II

¿Que hay hambre en Cuba? No tal.
Algo quizá de apetito
y alguno que otro mosquito
cuyo aguijón no es mortal.
¡Qué bien
Batista con la sartén!
Mas dice el pueblo, bajito:
        —Muy mal.

Sé que hay calle principal
(mentar puedo más de una)
donde, a la luz de la luna,
duerme el pobre tropical.
¡Qué bien
Batista con la sartén!
Mas dice el pueblo, que ayuna:
        —Muy mal.

  ¡Qué espectáculo infernal
ver sin casa ni aposento
a tanto cubano hambriento,
y en el bolsillo ni un real!
¡Qué bien
Batista con la sartén!
Mas dice el pueblo al momento:
        —Muy mal.

---

[20] Estas "Coplas" fueron publicadas por Guillén desde principios de la dictadura de Fulgencio Batista (marzo 1952-diciembre 1958) en el semanario *La Última Hora*, de La Habana. Aprovechando tono y formas métricas populares, el poeta fustigó los vicios del batistato en diversos poemas, publicados hasta abril de 1953.

En la cháchara radial
el prometer es simpleza,
pero cumplir la promesa
harina es de otro costal.
¡Qué bien
Batista con la sartén!
Mas dice el pueblo y bosteza:
     —Muy mal.

Mientras gana un dineral
el hacendado inclemente,
ya el hambre muy cerca siente
el obrero del central[21].
¡Qué bien
Batista con la sartén!
Mas dice el pueblo, impaciente:
     —Muy mal.
¿Para esto, general,
tanto golpe, tanto ruido?
Sin agua sigue el cocido
y ardiente el cañaveral.
¡Qué bien
Batista con la sartén!
Mas grita el pueblo, ya erguido:
     —Muy mal!!

Junio 19, 1952

MIEDO[22]

De repente me asusta
pensar que estoy viviendo.
¡Qué aventura terrible,
qué miedo!

---

[21] Central: ingenio azucarero.

[22] Según informa Ángel Augier en la ed. cit. de *Obra poética*, este poema fue "Escrito en Madrid en 1937", pero publicado por primera vez en *Ellas*, La Habana, diciembre de 1945.

Estar aquí encerrado,
el corazón latiendo;
aquí, sin saber nada,
con los ojos abiertos;
aquí como un sonámbulo,
manos rectas, de ciego,
buscando una salida,
un gendarme, un portero.

Yo aquí en la vida, solo,
viviendo.

NADA[23]

El tiempo pasa silencioso
con un pasar de agua nocturna,
y ve mi frente taciturna
y ve mi pecho sin reposo.

En ese tiempo silencioso
hundo mi voz de agua nocturna:
pongo la frente taciturna,
reposo el pecho sin reposo.

Guardo mi pena en el penario.
Guardo mi alma en el almario.
Guardo mi voz como una espada.

Ya nada tengo, nada quiero.
Ya nada busco, nada espero.
Nada.

---

[23] Este poema, que aparece entre los *Poemas de amor* en la ed. cit. de *Obra poética* no constaba entre los textos de la primera edición de aquel libro. Sin embargo, como señala Augier, en la edición de *Obra poética* se incorporaron en la sección a que aludimos muchos poemas que "el poeta conservaba inéditos". (Cfr. *Nota introductoria a Poemas de amor.*)

Y yo era rico. Yo tenía
una guitarra de agua pura,
un ruiseñor en la espesura
y el gran fulgor del mediodía.

Pero perdí lo que tenía;
el ruiseñor y el agua pura
y la guitarra y la espesura.
Se me hizo noche al mediodía.

Pido limosna. Pero en vano
tiendo la voz, abro la mano.
¿Comprende usted, desmemoriada?

Ya nada tengo, nada espero.
Ya nada busco, nada quiero.
Nada.

Colección Letras Hispánicas

ÚLTIMOS TÍTULOS PUBLICADOS

547 *Cuentos fantásticos modernistas de Hispanoamérica.*
   Edición de Dolores Phillipps-López.
548 *Terror y miseria en el primer franquismo,* JOSÉ SANCHIS
   SINISTERRA.
   Edición de Milagros Sánchez Arnosi.
549 *Fábulas del tiempo amargo y otros relatos,* MARÍA TERESA
   LEÓN.
   Edición de Gregorio Torres Nebrera.
550 *Última fe (Antología poética, 1965-1999),* ANTONIO MARTÍNEZ
   SARRIÓN.
   Edición de Ángel L. Prieto de Paula.
551 *Poesía colonial hispanoamericana.*
   Edición de Mercedes Serna.
552 *Biografía incompleta. Biografía cotinuada,* GERARDO DIEGO.
   Edición de Francisco Javier Díez de Revenga.
553 *Siete lunas y siete serpientes,* DEMETRIO AGUILERA-MALTA.
   Edición de Carlos E. Abad.
554 *Antología poética,* CRISTÓBAL DE CASTILLEJO.
   Edición de Rogelio Reyes Cano.
555 *La incógnita. Realidad,* BENITO PÉREZ GALDÓS.
   Edición de Francisco Caudet.
556 *Ensayos y crónicas,* JOSÉ MARTÍ.
   Edición de José Olivio Jiménez.
557 *Recuento de invenciones,* ANTONIO PEREIRA.
   Edición de José Carlos González Boixo.
558 *Don Julián,* JUAN GOYTISOLO.
   Edición de Linda Gould Levine.
559 *Obra poética completa (1943-2003),* RAFAEL MORALES.
   Edición de José Paulino Ayuso.
560 *Beltenebros,* ANTONIO MUÑOZ MOLINA.
   Edición de José Payá Beltrán.
561 *Teatro breve entre dos siglos (Antología).*
   Edición de Virtudes Serrano.
562 *Las bizarrías de Belisa,* LOPE DE VEGA.
   Edición de Enrique García Santo-Tomás.
563 *Memorias de un solterón,* EMILIA PARDO BAZÁN.
   Edición de M.ª Ángeles Ayala.

564 *El gesticulador*, RODOLFO USIGLI.
   Edición de Daniel Meyran.
565 *En la luz respirada*, ANTONIO COLINAS.
   Edición de José Enrique Martínez Fernández.
566 *Balún Canán*, ROSARIO CASTELLANOS.
   Edición de Dora Sales.
567 *Capítulos que se le olvidaron a Cervantes*, JUAN MONTALVO.
   Edición de Ángel Esteban.
568 *Diálogos o Coloquios*, PEDRO MEJÍA.
   Edición de Antonio Castro Díaz.
569 *Los premios*, JULIO CORTÁZAR.
   Edición de Javier García Méndez.
570 *Antología de cuentos*, JOSÉ JIMÉNEZ LOZANO.
   Edición de Amparo Medina-Bocos.
571 *Apuntaciones sueltas de Inglaterra*, LEANDRO FERNÁNDEZ DE MORATÍN.
   Edición de Ana Rodríguez Fischer.
572 *Ederra. Cierra bien la puerta*, IGNACIO AMESTOY.
   Edición de Eduardo Pérez-Rasilla.
573 *Entremesistas y entremeses barrocos*.
   Edición de Celsa Carmen García Valdés.
574 *Antología del Género Chico*.
   Edición de Alberto Romero Ferrer.
575 *Antología del cuento español del siglo XVIII*.
   Edición de Marieta Cantos Casenave.
576 *La celosa de sí misma*, TIRSO DE MOLINA.
   Edición de Gregorio Torres Nebrera.
577 *Numancia destruida*, IGNACIO LÓPEZ DE AYALA.
   Edición de Russell P. Shebold.
578 *Cornelia Bororquia o La víctima de la Inquisición*, LUIS GUTIÉRREZ.
   Edición de Gérard Dufour.
579 *Mojigangas dramáticas (siglos XVII y XVIII)*.
   Edición de Catalina Buezo.
580 *La vida difícil*, ANDRÉS CARRANQUE DE RÍOS.
   Edición de Blanca Bravo.
581 *El pisito. Novela de amor e inquilinato*, RAFAEL AZCONA.
   Edición de Juan A. Ríos Carratalá.
582 *En torno al casticismo*, MIGUEL DE UNAMUNO.
   Edición de Jean-Claude Rabaté.
583 *Textos poéticos (1929-2005)*, JOSÉ ANTONIO MUÑOZ ROJAS.
   Edición de Rafael Ballesteros, Julio Neira y Francisco Ruiz
   Noguera.

584 *Ubú president o Los últimos días de Pompeya. La increíble historia del Dr. Floit & Mr. Pla. Daaalí*, ALBERT BOADELLA.
    Edición de Milagros Sánchez Arnosi.
585 *Arte nuevo de hacer comedias*, LOPE DE VEGA.
    Edición de Enrique García Santo-Tomás.
586 *Anticípolis*, LUIS DE OTEYZA.
    Edición de Beatriz Barrantes Martín.
587 *Cuadros de amor y humor, al fresco*, JOSÉ LUIS ALONSO DE SANTOS.
    Edición de Francisco Gutiérrez Carbajo.
588 *Primera parte de Flores de poetas ilustres de España*, PEDRO ESPINOSA.
    Edición de Inoria Pepe Sarno y José María Reyes Cano.
589 *Arquitecturas de la memoria*, JOAN MARGARIT.
    Edición bilingüe de José Luis Morante.
590 *Cuentos fantásticos en la España del Realismo*.
    Edición de Juan Molina Porras.
591 *Bárbara. Casandra. Celia en los infiernos*, BENITO PÉREZ GALDÓS.
    Edición de Rosa Amor del Olmo.
592 *La Generación de 1936. Antología poética*.
    Edición de Francisco Ruiz Soriano.
593 *Cuentos*, MANUEL GUTIÉRREZ NÁJERA.
    Edición de José María Martínez.
594 *Poesía. De sobremesa*, JOSÉ ASUNCIÓN SILVA.
    Edición de Remedios Maraix.
595 *El recurso del método*, ALEJO CARPENTIER.
    Edición de Salvador Arias.
596 *La Edad de Oro y otros relatos*, JOSÉ MARTÍ.
    Edición de Ángel Esteban.
597 *Poesía. 1979-1996*, LUIS ALBERTO DE CUENCA.
    Edición de Juan José Lanz.

DE PRÓXIMA APARICIÓN

El libro de la fiebre, CARMEN MARTÍN GAITE.
    Edición de Maria Vittoria Calvi.
Artículos literarios en la prensa (1975-2005).
    Edición de Francisco Gutiérrez Carbajo y José Luis Martín Nogales.
Narraciones, GUSTAVO ADOLFO BÉCQUER.
    Edición de Pascual Izquierdo.